Research on Talent Training of
Accounting Information Management Major
in Higher Vocational Colleges

高职院校会计信息管理专业人才培养研究

陈 敏 著

中国科学技术大学出版社

内容简介

本书为安徽省高等学校省级质量工程项目"采购业务虚拟仿真实验教学项目"阶段性研究成果。本书从会计社会职业岗位能力的要求出发，以清晰的人才培养目标定位和职业面向为前提，构建了"三个阶段"和"三个层次"的人才培养模式；从人才培养方案制定的原则和方法、会计信息管理专业情况分析、人才培养方案的特色及成效等内容出发，研究了1+X职业技能等级证书试点工作，形成了以工作过程为导向的课程标准。

本书可作为高等职业教育管理部门、高等职业院校和相关培训机构的管理人员、教师等进行会计信息管理专业课程开发和教学研究的参考资料，也可作为大数据与会计、大数据与财务管理等财经商贸类专业课程开发和教学研究的参考资料。

图书在版编目(CIP)数据

高职院校会计信息管理专业人才培养研究/陈敏著. —合肥：中国科学技术大学出版社，2023.3

ISBN 978-7-312-05623-9

Ⅰ. 高… Ⅱ. 陈… Ⅲ. 高等职业教育—会计信息—人才培养—研究—中国 Ⅳ. F232

中国国家版本馆CIP数据核字(2023)第045701号

高职院校会计信息管理专业人才培养研究
GAOZHI YUANXIAO KUAIJI XINXI GUANLI ZHUANYE RENCAI PEIYANG YANJIU

出版	中国科学技术大学出版社
	安徽省合肥市金寨路96号，230026
	http://press.ustc.edu.cn
	http://zgkxjsdxcbs.tmall.com
印刷	安徽国文彩印有限公司
发行	中国科学技术大学出版社
开本	710 mm×1000 mm 1/16
印张	11.25
字数	200千
版次	2023年3月第1版
印次	2023年3月第1次印刷
定价	40.00元

前　言

本书为2020年安徽省高等学校省级质量工程项目"采购业务虚拟仿真实验教学项目"(2020xfxm22)、2017年安徽省高等学校省级质量工程项目"材料费用的分配智慧课堂试点"(2017zhkt212)、2017年安徽省高等学校省级质量工程项目"财务管理专业教学团队"(2017jxtd121)建设成果之一,同时也是2021年安徽审计职业学院提质培优承接项目:职业教育精品在线开放课程"成本会计"的阶段性成果。

随着我国进入新的发展阶段,智能科技对于社会经济发展各方面产生了巨大影响,产业升级和经济结构调整不断加快,人才需求变化显著,迫使职业教育进行数字化改革。高等职业教育人才培养需要围绕"专业与产业、职业岗位对接,专业课程内容与职业标准对接,教学过程与生产过程对接,学历证书与职业资格证书对接,职业教育与终身学习对接"的改革目标,在社会调研、人才需求分析的基础上,基于专业优化途径,从社会职业岗位能力的要求出发,以清晰的人才培养目标定位和职业面向为前提,对会计信息管理专业人才培养方案进行合理的知识重构,重点在于培养学生的大数据财务分析能力,从而确定新时代背景下优化会计信息管理专业人才能力培养的方案,最终形成"三个结构"(知识结构、能力结构、素质结构)和"三个层次"(基础教育层次、专业教育层次和专业拓展实践层次)的全员、全过程、全方位育人(三全育人)的培养模式。

本书以《高等职业教育专科会计信息管理专业教学标准》为依据,坚持以立德树人为根本任务,加强专业课程思政建设;课程设置融入了全国会计专业资格考试的内容;尝试"1＋X"职业技能等级证书与专业课程标准对接,推行"岗、证、课、赛"试点。本书可作为高等职业教育管理部门、高等职业院校和相关培训机构的管理人员、教师等进行会计信息管理专业课程开发和教学研究的参考资料,同时也可作为大数据与会计、大数据与审计、大数据与财务管理等财经商贸类专业课程开发和教学研究的参考资料。

本书的编写得到多位行业专家学者、业界人士的帮助,在此表示感谢。由于大数据时代新知识、新技能、新理念不断涌现,与会计信息管理专业人才培养研究相关的新思想也不断出现,本书难免存在不足之处,敬请广大读者提出宝贵的意见和建议。

陈　敏

2022 年 12 月

目 录

前言 ·· (i)

第1章　绪论 ·· (1)
1.1　高等职业院校专业人才培养的现状 ··· (1)
1.2　专业人才培养方案的重要性 ·· (6)
1.3　专业人才培养方案的制定原则 ··· (9)
1.4　专业人才培养方案的制定步骤 ··· (13)

第2章　会计信息管理专业分析报告 ··· (17)
2.1　会计信息管理专业人才培养调研报告 ·· (17)
2.2　专业基本情况及改革思路 ·· (24)

第3章　会计信息管理专业人才培养方案 ··· (28)
3.1　专业名称和专业代码 ·· (28)
3.2　招生对象和学制 ·· (29)
3.3　专业培养目标 ··· (29)
3.4　人才培养模式 ··· (29)
3.5　职业面向 ·· (31)
3.6　人才培养规格 ··· (31)
3.7　课程体系构建 ··· (33)
3.8　课程设置与学时安排 ·· (35)
3.9　教学学时分配及进程 ·· (46)

第4章　专业人才培养保障 ·· (50)
4.1　师资队伍 ·· (50)
4.2　教学设施 ·· (52)

4.3 教学资源 …………………………………………………………（53）
4.4 教学方法 …………………………………………………………（55）
4.5 学习评价 …………………………………………………………（55）
4.6 质量管理 …………………………………………………………（57）

第5章 会计信息管理专业课程标准 ……………………………（65）
5.1 初级会计实务课程标准 …………………………………………（65）
5.2 财务共享课程标准 ………………………………………………（87）
5.3 纳税实务课程标准 ………………………………………………（110）
5.4 成本会计课程标准 ………………………………………………（131）
5.5 财务大数据基础课程标准 ………………………………………（143）
5.6 财务大数据分析课程标准 ………………………………………（155）

第6章 建设成效及主要特色 ……………………………………（164）
6.1 建设成效 …………………………………………………………（164）
6.2 主要特色 …………………………………………………………（167）

第 1 章 绪 论

目前高等教育已经进入大众化阶段。在我国现行的教育体系中,职业教育是与普通教育具有同等重要地位的教育类型,是国民教育体系和人力资源开发的重要组成部分,是培养多样化人才、传承技术技能、促进就业创业的重要途径。经过长期的实践探索,中国职业教育根据经济结构调整和产业变革需求,设置了 1300 余种专业,覆盖国民经济各领域。近十年来,累计为各行各业培养输送 6100 万名高素质劳动者和技术技能人才。

1.1 高等职业院校专业人才培养的现状

高等职业院校教育包括专科、本科及以上教育层次,主要招收中等职业院校毕业生、普通高中毕业生以及同等学力社会人员,专科为三年制,本科为四年制。2021 年,全国设置高等职业院校 1518 所(含 32 所职业本科学校),招生 556.72 万人,在校生 1603.03 万人。职业本专科招生人数和在校生总数分别占全国本专科高校招生数和在校生总数的 55.60%、45.85%。

近十年来,中国职业教育不断深化改革,取得了一系列建设成果。构建了一整套贯穿大学生入口到出口、具有中国特色的职业教育制度体系。将职业本科纳入现有学士学位制度体系,可在学士学位授权、学位授予标准等方面突出职业教育的育人特点。

1.1.1 建设成果

2019 年发布的《国家职业教育改革实施方案》中设定了具体指标,即到 2022 年,职业院校教学条件基本达标,一大批普通本科高等学校向应用型转变,建设 50 所高水平高等职业院校和 150 个骨干专业(群),建成覆盖大部分行业领域、具有国际先进水平的中国职业教育标准体系。

1. 标准体系构建

建设职业教育国家标准体系,进一步完善了专业、教学、课程、实习、实训条件"五位一体"的国家教学标准体系。融合新技术、新业态、新职业的要求,编制了中职、高职专科、职业本科教育一体化专业目录;先后发布了230个中职专业和347个高职专业教学标准、51个职业院校专业实训教学条件建设标准、136个专业(类)顶岗实习标准以及9个专业仪器设备装备规范等;制定了497个职业(工种)技能鉴定标准、6万余项行业培训标准和42大类企业培训标准。建立实习管理制度,明确实习的内涵和边界,重点对职业院校实习治理水平提出一系列措施。

大力改造、提升传统专业,从专业名称到专业内涵全面推进数字化,使人才培养适应数字经济变革。中国职业教育逐步从以规模扩张为主的外延式发展向以质量提升、机制完善为主的内涵式发展转变。

2. 教师素质提高

为打造"双师型"教师队伍,积极实施"职业院校教师素质提高计划"。2019年,教育部等四部门公布102家企业为全国职业教育教师企业实践基地,并通过"国家职业教育智慧教育平台"发布两批共计537项教师实践项目,服务职业院校包含国家级教学创新团队教师数量超过2万人。同年,教育部还启动了职业教育教师教学创新团队建设工作,分两批建设364个教学创新团队,示范带动建立省级创新团队500余个、校级创新团队1600余个,教师分工协作模块化教学的模式逐步建立,团队能力素质全面加强。

2012至2021年间,职业院校专任教师规模从111万人增至129万人,增幅17%,"双师型"教师占专业课教师比例超过50%。

3. 校企育人协作

近十年来,校企合作是职业院校育人的重要内容,学校与企业开展订单班、现代学徒制、产业学院、集团化办学等多种合作,有助于构建校企双主体育人机制。同时,规范特色培养过程,从培养目标、课程设置、学时安排、实践教学、毕业要求等方面对职业院校专业人才培养方案制定提出了具体要求,为专业人才培养和质量评价提供了基本依据。截至2021年,全国约组建1500个职教集团,吸引3万多家企业参与,覆盖近70%的职业院校,职业院校与企业共建实习实训基地2.49万个,年均增长8.6%。

4. 教育数字转型

推进职业教育数字化。近年来，中国职业教育大力推进现代信息技术应用，在信息化基础设施建设、数字教育资源开发、人员技术培训和管理系统应用等方面取得重要进展，数字生态建设取得积极成效。90%以上的职业院校建成了运行流畅、功能齐全的校园网，85%以上的职业院校按标准建成数字校园。

2022年，"国家职业教育智慧教育平台"上线运行。平台汇聚了1200个专业资源库、6600余门在线精品课、2000余门视频公开课，用户覆盖全国，并惠及180多个国家和地区，在疫情期间为大学生在线自主学习提供了有效的支持。

5. 职业教育扩招

职业教育坚持有教无类、因材施教，为不同的大学生提供公平、适合的选择，努力使不同性格禀赋、不同兴趣特长、不同素质潜力的大学生都能接受符合自己成长需要的教育；面向社会大众打开学校的大门，除了适龄大学生外，未升学初高中毕业生、农民、新生代农民工、退役军人、在职员工、失业人员等各类群体，都可接受灵活多样的职业教育和培训，营造了人人皆可成才、人人尽展其才的良好社会环境。2019年以来，高职教育连续三年扩大招生规模，共扩招413万多人，社会生源占在校生比例达28%左右。

我国的高等职业院校作为职业教育人才的培养基地，承担着现代职业教育人才培养的任务，要依据市场需求，分析现代科技发展趋势，设置社会发展所需的专业，以促进就业和适应产业发展需求为导向，着力培养高素质劳动者和技术技能人才。与职业教育发达国家相比，与建设现代化经济体系、建设教育强国的要求相比，我国职业教育还存在着体系建设不够完善、职业技能实训基地建设有待加强、制度标准不够健全、企业参与办学的动力不足、有利于技术技能人才成长的配套政策尚待完善、办学和人才培养质量水平参差不齐等问题。

1.1.2 存在的问题

1. 缺少先进的教育理念

1998年之后，为适应高等教育大发展的形势，新建立了专科院校。其中，有部分专科院校是由一所或几所条件较好的中等专业学校合并而成的，在专业设置及人才培养方案的制定方面，借鉴了本科的同类专业经验。但是部分专科院校的学时、学分几乎被理论课占有,实践教学占比较低,严重背离职业教育的初衷,将大学生培养为理论工作者,而不是实际工作者。专科教育与普通本科教育,无论是从院校的办学指导思想、办学定位、人才培养目标,还是办学条件要求、学校管理等各方面都存在着较大的差异。教育理念落后,会直接导致职业院校的大学生就业压力增大。

高等职业教育不是本科教育的缩微版,没有职业教育现代化就没有教育现代化。要坚持以习近平新时代中国特色社会主义思想为指导,把职业教育摆在教育改革创新和经济社会发展中突出的位置;牢固树立新发展理念,服务建设现代化经济体系和实现更高质量、更充分的就业需要,对接科技发展趋势和市场需求,完善职业教育和培训体系,优化学校、专业布局,深化办学体制改革和育人机制改革,以促进就业和适应产业发展需求为导向,鼓励和支持社会各界特别是企业积极支持职业教育,着力培养高素质劳动者和技术技能人才。

2. 缺乏创新精神

(1) 培养方案简单模仿

国家双高计划(中国特色高水平高职学校和专业建设计划)中的院校重点专业人才培养水平高,很多地方高职院校在制定专业人才培养方案时全程模仿,专业负责人直接照抄照搬优秀的专业人才培养方案,没有对本校的实际情况进行认真地研究和分析,没有考虑地方经济社会发展对本专业的人才素质要求,没有分析本校为满足专业人才素质要求提供的教学条件。不认真研究和分析上述具体情况,难以制定出符合本校实际的切实可行的人才培养方案。也有部分高职院校以团队形式开展研究,经过充分的调研和论证后再制定本专业的人才培养方案。

(2) 培养规格缺少针对性

人才培养规格主要说明本专业毕业生应具备的知识结构、能力结构、素质结构等,是人才培养目标的细化和具体化,能够很好地体现人才培养目标。但在实际工作中,很多专业在制定人才培养方案时,人才培养规格与人才培养方案是脱节的,看不出人才培养规格是对人才培养方案的体现。比如,对专业人才培养规格的表述,如对知识结构的要求,是知识结构全面、知识面宽;对素质结构的要求,是素质高、素质全面;对能力结构的要求,是能力强、适应能力强。这些泛泛描述既体现不出人才培养目标对人才培养规格的要求,也体现不出本院校本专业的特色。

3. 目标定位不准确

制定专业人才培养方案所面临的首要问题就是专业人才培养目标定位。很多高职院校在制定专业人才培养方案时存在专业人才培养目标定位不准确的问题。有的对本专业的实际情况没有深入研究；有的空话多、虚话多，如定位本专业为"培养高级应用型人才"或"培养有创新能力的高级应用技能型人才"，这样的描述并不能清楚地表达培养的是什么样的人才；还有的专业带头人不理解人才培养的目标定位在专业人才培养方案中的重要性，大多数专业教师也不清楚专业人才培养方案中的目标定位。没有准确的人才培养目标定位，教书育人只是盲人摸象。

目前的高职院校有些专业存在着很大的相似度。比如，大数据与会计、大数据与财务管理等专业，这些近似专业在制定专业人才培养方案时更要认真研究、仔细分析，明确本专业的目标定位。在实际工作中，高职院校在制定近似专业人才培养方案时，需要认真研究人才培养目标的不同及其中的逻辑关系，从而设计不同课程体系和人才培养环节，避免出现同质化现象。

4. 课程体系不合理

在专业人才培养方案中，课程体系是为实现专业人才培养目标和人才培养规格而设立的。在整个专业人才培养方案中，课程体系是最为重要的内容，也是其核心的部分。但在实际工作中，课程体系出现了很多问题。

（1）内容与目标脱节

课程体系的教学内容不能体现人才培养目标和人才培养规格的要求。如财务会计类专业，在专业人才培养目标和人才培养规格中均提到大学生要"掌握社会审计相关知识"，但是在课程体系设置中并没有与"审计"相关的内容。

（2）课程设置不科学

课程设置不符合教学规律，公共基础课、专业基础课、专业核心课、必修课和选修课、理论课与实践课等的设置甚至违背承前启后的逻辑关系。比如，财务会计类专业在第二学期开设"Python 数据分析"课程，缺少前导课程，导致大学生只能学习简单的 Python 程序设计基础；还有的专业核心课程放在第二学期开设，而专业基础课程则放在第五学期开设。

（3）专业课程偏少

课程体系设置中不同程度地存在"因人设课"或"因无人而不设课"的情况，在某些高职院校人才培养方案的修订过程中表现得尤其明显。课程体系的设置表面上看是专业人才培养方案的制定问题，实质上牵涉到师资力量的问题，有些申报的新专业出现了因专业教师不足而减少开设相应专业课程的现象。

5. 培养环节同质化

为保证专业人才培养目标和专业人才培养规格的实现,除了合理设置课程体系外,还要有其他的培养环节来保障。这些培养环节主要表现为实验、实训、课程设计、岗位实习、参观考察、调查、考试、职业技能比赛以及1+X职业技能等级培训等内容。从实际工作来看,一些专业的培养环节并非围绕专业人才培养目标和人才培养规格设立,而是带有很大的随意性;有的课程只是为了开展活动,实际活动与专业无关,与大学生专业素质的提高没有关联;有的课程没有结合大学生专业特点开展有效、有益的活动,对提高大学生的专业素质收效甚微。

从目前的高职院校实际情况来看,很多二级教学单位专业构成存在着很大的相似度。有的学院在制定近似专业人才培养方案时,并未认真研究人才培养目标的不同及其中的逻辑关系,从而导致设计课程体系和人才培养环节同质化严重。比如,大数据与会计、大数据与财务管理、大数据与审计等专业,这些近似专业在制定专业人才培养方案时更应认真研究、具体分析。

1.2　专业人才培养方案的重要性

专业人才培养方案是专业人才培养工作要遵循的"宪法",在专业人才培养工作中具有举足轻重的地位,对专业人才培养质量的提高起着决定性的作用。

1.2.1　经济社会发展的需要

高等教育要为地方经济社会发展服务,而为地方经济社会发展服务的根本途径和形式就是为地方经济社会发展需要培养合格的人才。随着经济的发展、社会的进步,各地方的经济社会发展逐渐摆脱了统一的模式,发展的层次、方式、模式,发展的重点,发展的阶段,突破的领域等都具有各自的特点。这必然使地方经济社会发展需要越来越呈现出多元性、多样性、多层次性的特点,需求的个性特征越来越突出。因而,高校专业人才培养必须深入研究地方经济社会发展的情况,采取有效的措施,才能满足地方经济社会发展的需要,研究成果和采取的有效措施需要体现在专业人才培养方案中。有的专业也与经济社会发展需要的对接,却没有将这种对接的成果制度化,只是在一段时间内为加强大学生的某一方面能力而增设一门新的课程,或认为什么内容重要而临时增加一些学时,对下一年级的大学生却依然如故。

1.2.2 日常教学管理的需要

制定并执行专业人才培养方案是高校教学管理的首要内容。在高等学校的管理中,教学管理是高校管理工作的重要内容之一。教学管理工作稳定有序,学校整体工作就稳定有序;教学管理工作失序紊乱,学校整体工作一定会陷入混乱状态,因此教学管理工作对高校工作的重要性不言而喻。

教学管理工作又是一个复杂、有机的系统。一般而论,教学管理工作包括教学计划管理、教学运行管理、教学质量管理与评价和教学基本建设的管理。在这四项最基本的内容中,教学计划管理是第一位的,指的就是人才培养方案管理。

人才培养方案管理是教学管理工作的首要任务,有了专业人才培养方案,才有后续的教学运行管理、教学质量管理与评价和教学基本建设管理;没有专业人才培养方案,教学运行管理、教学质量管理与评价和教学基本建设管理就都失去了基本的依据。专业人才培养方案管理在教学管理工作中处于中心地位,教学运行管理、教学质量管理与评价和教学基本建设管理,都是围绕着专业人才培养方案管理这个中心而进行的。

教学运行管理最重要的工作内容就是严格执行专业人才培养方案,保证专业人才培养方案的实施。教学质量管理与评价的依据就是专业人才培养方案,它的任务就是落实专业人才培养方案规定的质量标准,并检验教学过程中质量标准的执行情况,从而健全质量保障和质量监控体系。教学基本建设管理也是围绕专业人才培养方案进行的,是为了保障专业人才方案中规定的专业人才培养目标和专业人才培养规格的实现而进行的基本建设,如师资队伍建设、专业建设、课程建设、教材建设、实验室建设等。

1. 确定专业教学内容和专业人才培养环节的依据

专业人才培养方案决定了专业人才培养目标和专业人才培养规格,从而也就决定了专业教学内容和专业人才培养环节。在专业人才培养方案中,专业教学内容体现为专业课程体系,而专业课程体系如何设置是专业人才培养方案的重要内容。专业课程体系是由专业人才培养目标和专业人才培养规格决定的,它要保证专业人才培养目标和专业人才培养规格的实现,但它也反过来体现专业人才培养目标和专业人才培养规格,并在一定程度上对专业人才培养目标和专业人才培养规格进行微调和修正。

2. 确定专业人才培养特色的需要

课程体系的设置除了受专业人才培养目标和专业人才培养规格决定外,还受到学校师资队伍等资源条件的影响,在课程体系的实际设置过程中,后者的影响往往更大。专业课程体系在不同的高校相同的专业之间很容易借鉴和模仿,因而也很容易趋同化,但专业人才培养环节则不然,各高校间可以借鉴但很难照搬。因为专业人才培养环节所涉及的学校资源远较课程体系多,虽然它同样由专业人才培养目标和专业人才培养规格决定,但它更多地要受到学校各种资源条件、办学传统、办学理念、规章制度、管理习惯等方面的影响。因此,由专业人才培养方案所决定的专业人才培养环节是一所学校办学理念、办学传统、资源条件、教学管理水平等因素的综合体现。也正因如此,在专业人才培养环节上最容易形成专业的人才培养特色,甚至形成一个学校的人才培养特色。

3. 确定"教"与"学"的基本依据

专业人才培养方案为专业人才培养工作提供了一个总体框架。"教师教什么""大学生学什么""教师怎么教""大学生怎么学"都应该且可以在专业人才培养方案中找到答案。教师可以通过专业人才培养方案,根据专业人才培养目标和专业人才培养规格来科学合理地安排教学内容,同时根据所教课程在专业课程体系中所给予的学时、学分和开设学期及与前后课程之间的关联等,精选教学内容和教学方法以达到最佳的教学效果。同样的一门课程,专业人才培养目标和人才培养规格不同,所教授的内容和方法应不同;学时、学分不同,说明这一课程在专业课程体系中的地位不同,所教授的内容和方法也应不同;开课学期不同,说明这一课程在前置与后继课程中的地位不同,既要注意教授内容与前后课程的衔接,也要注意避免重复不必要的内容。同样,大学生通过专业人才培养方案,首先会明确所在专业是学什么的?学了之后是做什么的?能够做什么?还能怎么发展?我是否适合学习这个专业?进而明确我可以选学什么课程?我可以选择哪些教师?接着会根据专业人才培养方案来制定自己的职业生涯规划。可见,专业人才培养方案既是教师教什么、怎么教的基本依据,也是大学生学什么、怎么学的基本依据。离开专业人才培养方案就无法科学合理地组织教学。

4. 确定教学资源的基本依据

为了保证教学质量,同时也受到实验场地、仪器设备台(套)数等限制,同一专业、同一年级的大学生要分成若干个教学班,这也决定了需要的专业教师数量。人才培养方案中所安排的人才培养各环节,不仅涉及场地场所和仪器设备设施物质资源条件配置等,也必然涉及管理人员和专业技术人员的配置。比如,学校的仪器设备购置计划、购置什么仪器设备、购置多少台(套)、要求什么时间仪器设备购置到位等,就必须依据专业人才培养方案。离开了专业人才培养方案,仪器设备购置就失去了方向性和可操作性。

由此可见,制定并执行专业人才培养方案是高校教学管理的首要内容。

1.3 专业人才培养方案的制定原则

专业人才培养方案是职业院校落实党和国家关于技术技能人才培养总体要求,组织开展教学活动、安排教学任务的规范性文件,是实施专业人才培养和开展质量评价的基本依据。制定专业人才培养方案必须认真研究其特点,明确应该遵循的基本原则。

1.3.1 专业人才培养方案的特点

1. 全局性

全局性是指专业人才培养方案是对本专业大学生从入学到毕业的在校期间学习活动的总体安排。专业人才培养方案一般按专业、年级进行定制。对学校而言,要参考专业所在年级以及要把大学生培养成"什么样的人"及"怎样来培养"等问题,从而决定为大学生提供什么样的资源条件和制度安排;对教师而言,要思考这一届大学生"教什么""怎么教""具体什么时间教"等问题,这些都在专业人才培养方案中做出了总体性的安排;对大学生而言,一进校门,一本专业人才培养方案在手,就可以先从总体上了解读这个专业时会"学什么",要"怎么学"以及"学后做什么"。

2. 制约性

专业人才培养方案在专业人才培养工作中所起的作用是指令性的,是强制性的、必须执行的文件。这种制约性表明专业人才培养方案的严肃性,因而带有"法规"的色彩。专业人才培养方案的制定一定要经过广泛而充分的调查、论证。从教师层面而言,培养人才是教师的第一使命、神圣职责,必须严肃认真对待,兢兢业业以求,绝不能随意对待、率性而为,完不成专业人才培养方案规定的教学任务,教师就是失职的;从学校层面而言,专业人才培养方案一经审定批准必须严格执行,非正常情况下、不经过必要的审批程序,任何单位和个人无权对专业人才培养方案做出修改和调整,也不得以任何理由拒绝执行,不能保证实现专业人才培养方案所需要的资源条件,学校相关职能部门就是失职的;从大学生层面而言,完不成专业人才培养方案规定的学习任务,大学生就是失职的,就达不到培养的质量标准,就不能毕业。

3. 稳定性

稳定性是指专业人才培养方案一经确立就保持相对稳定。如前面所说,专业人才培养方案的全局性,牵一发而动全身,对任何部分进行修改都会对其他部分带来影响,局部的调整往往也会带来全局的相应变化。高等教育人才培养是一个周期过程,高职专科的基本学制是三年,大学生要学习公共基础知识、专业基础知识、专业核心知识,增强用专业知识分析问题、解决问题的实际能力,全面提高自身素质。在这一个周期内,专业人才培养方案应该是相对稳定的。如果已经确立的专业人才培养方案还在频频变动,教师、教室、仪器设备等资源条件很难立即适应变化,往往就会出现同一位大学生在不同的学期上同一门课程的情况,这必然会给正常的教学秩序带来混乱,从而严重影响教育教学质量。

稳定是相对的,变动是永恒的。经济社会发展是不断变化的,对人才的需求也是不断变化的,因此高校专业人才培养的知识结构、素质结构和能力结构必须不断适应这种变化,这就需要对专业人才培养方案适时进行合理调整,以适应经济社会发展的需要和高等教育发展变化的需要。

4. 前瞻性

教育具有前瞻性,大学生培养成才过程较长,为社会做出贡献后,教育的效果才显现出来,人才培养质量的高低才见分晓。高校的专业人才培养方案也应该具有这样的前瞻性。高职专科基本学制为三年,有的大学生三年毕业后步入社会,有的大学生可能参加专升本考试,进入其他本科院校再进行两年的学习,继续深造取得本科学历(学士学位),所以专业人才培养方案一定要为大学生今后专业的可持续发展方面提供足够广阔的空间。此外,区域经济社会发展需要的变动是非常频繁的,必须有长远的眼光,能准确地预见和洞察经济社会发展需要变动的方向,把握经济社会发展变动的规律,仅考虑到当前的情况而为大学生"量身定做"所谓的知识体系、能力结构和素质发展等是十分短视的做法。

5. 可操作性

可操作性是指专业人才培养方案要明确具体、切实可行、便于操作。专业人才培养方案中既有指导思想、基本原则等思想、观念上的总体要求,也有人才培养目标和人才培养规格的一般性要求,更有每一学期开设课程、培养环节的具体要求。各教学单位、各专业根据专业人才培养方案的具体要求制定出专业学期课程表,将专业人才培养方案落实到每一位教师、每一个大学生。专业人才培养方案不能一味地追求超前,而忽略学院的师资和教学软件、硬件等资源。可惜在实际教学中,专业人才培养方案的实施往往流于形式,背离了制定专业人才培养的初衷。

党的十八大以来,职业教育教学改革不断深化,具有中国特色的国家教学标准体系框架不断完善,职业院校针对职业院校大学生的特点,积极对接国家教学标准,优化专业人才培养方案,创新人才培养模式,不断提高办学水平和培养质量。在制定专业人才培养方案时应以职业教育国家教学标准为基本遵循,贯彻落实党和国家在课程设置、教学内容等方面的基本要求,强化专业人才培养方案的科学性、适应性和可操作性。

1.3.2 专业人才培养方案的制定原则

专业人才培养方案既能体现一所学校的办学指导思想和办学定位,又能体现一所学校的办学历史和办学特色,更能体现地方经济社会发展对专业人才的需求。因此,制定专业人才培养方案时必须遵循一些最基本的原则。

1. 全面发展的原则

我国高等教育的发展目前进入大众化阶段,接受高等教育越来越成为一名合格的劳动者的必备条件。因此,专业人才培养必须全面贯彻国家的教育方针,全面推动习近平新时代中国特色社会主义思想进教材、进课堂、进头脑,积极培育和践行社会主义核心价值观。正确处理好传授知识、培养能力、提高素质三者之间的关系:传授基础知识与培养专业能力并重,强化大学生职业素养养成和专业技术积累,将专业精神、职业精神和工匠精神融入人才培养全过程。

2. 科学规范的原则

以职业教育国家教学标准为基本遵循,贯彻落实党和国家在课程设置、教学内容等方面的基本要求,确保三年制高职总学时数不低于2500;增加选修课学时,应当不少于总学时的10%;每学年要安排40周教学活动。坚持国家标准引领,从而强化专业人才培养方案的科学性、适应性和可操作性。

3. 服务地方的原则

职业院校必须立足于地方,服务于地方经济。制定专业人才培养方案必须广泛开展社会调查,并随着人才市场需求的变化,主动调整人才培养模式以适应区域、行业经济和社会发展的需要,培养出具有强烈社会责任感和鲜明时代特点的应用型人才。

4. 实践教学的原则

遵循职业教育、技术技能人才成长和大学生身心发展规律,充分重视实践教学在应用型人才培养中的地位和作用,处理好公共基础课程与专业课程、学历证书与各类职业培训证书之间的关系,整体设计教学活动。根据专业特点和专业人才培养目标的要求,积极整合实验教学内容,构建不同层次的实验教学课程平台,探索实验教学新模式,创新实习、实训方式,科学构建实践教学体系,加强和完善实践教学环节,突出对大学生动手能力、实践能力、应用能力的培养,使大学生掌握从事专业领域实际工作的基本能力和基本技能。

5. 动态调整的原则

紧跟产业发展趋势和行业人才需求,有条件的专业要主动请企事业单位专家共同参与制定与生产实践、社会发展需要紧密结合的专业人才培养方案,建立健全行业企业、第三方评价机构等多方参与的专业人才培养方案动态调整机制,强化大学生的职业综合能力,并带动专业建设、课程建设、教学改革和技术服务;强化教师参与教学和课程改革的效果评价与激励,做好人才培养质量评价与反馈。

总而言之,专业人才培养方案的制定原则,应以习近平新时代中国特色社会主义思想为指导,深入贯彻党的十九大精神,按照全国教育大会部署,落实立德树人的根本任务,坚持面向市场、服务发展、促进就业的办学方向,健全德技并修、工学结合育人机制,构建德、智、体、美、劳等全面发展的人才培养体系。

1.4 专业人才培养方案的制定步骤

职业院校专业人才培养方案制定是一项系统工程。只有经过充分的市场调研,把握市场对于专业人才的需求,才能找准新形势下的专业办学定位和办学理念,从而制定出切实可行的职业院校专业人才培养方案。学院应当统筹规划,制定专业人才培养方案制(修)订的具体工作方案,成立由行业企业专家、教科研人员、一线教师和大学生(毕业生)代表组成的专业建设委员会,共同做好专业人才培养方案制(修)订工作。

1.4.1 组织前期调研

在人才培养方案制定过程中,要开展充分的调研工作,包括行业企业调研、毕业生跟踪调研和在校生学情分析,分析产业发展趋势和行业企业人才需求,明确本专业面向的职业岗位(群)所需要的知识、能力、素质,形成《专业人才培养调研报告》。

1.4.2 认真学习文件精神

在《专业人才培养调研报告》的基础上,认真学习教育部《关于职业院校专业人才培养方案制定与实施工作的指导意见》(教职成〔2019〕13号)、《国家职业教育改革实施方案》、教育部等九个部门印发的《职业教育提质培优行动计划(2020～2035)》(教职成〔2020〕7号)和中共中央、国务院印发的《深化新时代教育评价改革总体方案》等文件。合理安排学时,三年制高职每学年安排40周教学活动;总学时数不低于2500,公共基础课程学时应当不少于总学时的1/4,选修课教学学时占总学时的比例均应当不少于10%;一般将16～18学时计为1个学分,每周课程不超过40学时;实践性教学学时原则上应占总学时50%以上,大学生岗位实习时间一般为6个月。为提升职业教育质量,真正落实文件精神,推进国家教学标准落地实施,应严格按照国家标准开展制定工作。

1.4.3 践行社会主义核心价值观

以立德树人为根本,把思想政治工作贯穿教育教学全过程,实现全员育人、全过程育人、全方位育人。传授基础知识与培养专业能力并重,强化大学生职业素养养成和专业技术积累,将专业精神、职业精神和工匠精神融入人才培养全过程。专业建设须结合思政育人,坚持"课程思政"和"思政课程"有机结合,所有课程描述都要融入课程思政元素。公共基础课程应结合《新时代学校思想政治理论课改创新实施方案》中的课程内容;专业(技能)课程描述应介绍该课程的性质地位、主要内容和其培养目标(旨在培养大学生哪方面的能力)。将社会主义核心价值观培养、工匠精神培育、职业素养养成等融入专业课程教学过程中。

1.4.4 促进书证融通

鼓励各专业积极参与实施1+X证书制度试点,将与职业技能等级标准有关的内容及要求有机地融入专业课程教学,结合与本专业相关的职业资格或职称证书所需的知识,优化专业人才培养方案。制定学分转换和认定条款,增加1+X证书及职业资格或职称转换证书内容,明确需转换的课程门数和名称,进一步深化复合型技术技能人才培养培训模式改革,拓展大学生就业创业本领。

1.4.5 突出技能培养

专业应积极引入行业和企业的软硬件资源,校内校外协同育人,共建实践教学项目和特色课程;实践性教学课时原则上应占总课时50%以上;应积极建设集实践教学、社会培训、企业真实生产和社会技术服务于一体的高水平职业教育实训基地。

1.4.6 论证并审定方案

结合前期的调研报告,组织专业所属建设团队集体讨论,完成人才培养方案初稿。组织召开专业建设指导委员会对专业人才培养方案进行论证,加强沟通与信息共享,强化责任与担当意识,并提交人才培养方案论证意见表。论证后的人才培养方案经学院教学工作委员会(学术委员会)评议,提交校级党组织会议审定,再由学院院长办公会和党委会审定后发布实施。

1.4.7 发布与更新方案

专业人才培养方案审定通过后,按程序发布执行,同时报上级教育行政部门备案,并通过学校网站等主动向社会公开,接受全社会监督。学校应建立健全专业人才培养方案实施情况的评价、反馈与改进机制,根据经济社会发展需求、技术发展趋势和教育教学改革实际,及时优化调整。

职业教育坚持有教无类、因材施教,为不同的大学生提供公平、适合的选择,努力使不同性格禀赋、不同兴趣特长、不同素质潜力的大学生都能接受符合自己成长需要的教育。面向社会大众打开学校的大门,除了适龄大学生外,未升学初高中毕业生、农民、新生代农民工、退役军人、在职员工、失业人员等各类群体,都可接受灵活多样的职业教育和培训,营造人人皆可成才、人人尽展其才的良好社会环境。2019年以来,高职教育连续三年扩大招生规模,共扩招413万多人,社会生源占在校生比例达28%左右。各学校根据自身的招生情况,分类制定人才培养方案(如表1.1):统招,分类,社招[面向高中毕业生(含中职)和面向社会其他人员]。

表1.1 高等职业院校招生类型

序号	招生类型	招生性质	入学要求
1	统招	普通高等学校全国统一考试招生	普通高等学校全国统一考试招生对象:高级中等教育学校毕业或具有同等学力人员
2	分类	高等职业院校分类考试招生	高等职业院校分类考试招生对象:应历届普通高中毕业生、中职学校毕业生、中等技工学校毕业生,具有高中阶段学历或同等学力及以上的退役军人、下岗职工、进城务工人员、高素质农民等
3	社招(面向社会其他人员)	高等职业院校面向社会人员扩大招生	高等职业院校面向社会人员扩大招生对象:具有我省户籍或在皖务工具有高中阶段学历或同等学力及以上的社会各类人员
4	社招(面向高中毕业的含中职)	高等职业院校面向社会人员扩大招生	高等职业院校面向社会人员扩大招生对象:高中应届毕业生(含中等职业院校)

统招和分类均为3年,社会招生为3~5年。专业人才培养方案要根据大学生的特点制定,如针对分类招生的大学生,因其思维比较活跃,枯燥的理论讲解很难提高他们的学习兴趣,在专业人才培养方案中可多增加一些培养动手能力的课程。

第 2 章　会计信息管理专业分析报告

会计信息管理专业是教育部 2015 年批准开设的高等职业教育专科专业,其前身是会计电算化专业,旨在培养"精业务＋懂技术＋善管理"的复合型人才。

2.1　会计信息管理专业人才培养调研报告

"十四五"期间,很多高职财经商贸类院校都开设了会计信息管理专业,依据《国家职业教育改革实施方案》(国发〔2019〕4 号)、《教育部关于印发〈职业教育专业目录(2021 年)〉的通知》(教职成〔2021〕2 号)等文件精神,在充分市场调研的基础上,实现院校会计信息管理专业转型升级,培养行业企业数字化转型急需的新财会人员,以适应社会对会计信息管理专业人才的信息化水平要求。

2.1.1　调研目的

通过调研收集和分析会计信息管理专业人才培养需求信息,了解社会、行业及相关企业对会计信息管理专业人才的知识、能力、素质要求的特点和变化趋势,为专业人才培养目标定位、人才培养方案和课程标准的修订、教学的改革提供依据,为会计信息管理专业的大学生就业提供指导信息,提高会计信息管理专业人才培养质量和毕业生的就业质量。

2.1.2　调研范围与方法

调研的形式,包括访谈、电话访问、电子邮件、实地参观等方式。调研范围较为全面,从行业、企业、在校生、对标院校等多个方面进行调研,以确保调研结果的有效性。

1. 行业调研

长期以来,会计信息管理专业和大数据与会计、大数据与财务管理专业都是同属于财经商贸大类下的财务会计类专业,培养的人才大部分从事财会工作。依据《会计行业中长期人才发展规划(2010~2020年)》,财政部加快完善会计人才建设各项制度,有效实施会计人才培养重大工程,积极营造会计人才发展良好环境,会计人才规模实现有序增长、人才结构不断优化、人才竞争力明显提升,会计人才在推动企事业单位现代化管理、引导社会资源合理配置、保障社会公众利益、维护国家经济安全和市场经济秩序中发挥了重要作用。

我国会计人才队伍规模稳步增长,整体素质明显提升。截至2020年底,我国共有670.20万人取得初级会计专业技术资格,242.02万人取得中级会计专业技术资格,20.57万人通过高级会计专业技术资格考试;注册会计师行业从业人员近40万人,会计师事务所合伙人(股东)3.6万人;在开设本科以上学历教育的高校及科研单位中从事会计教学科研工作的人员超过1.3万人。但会计人才在不同行业、不同领域、不同区域的发展不平衡,会计人才培养结构与社会需求契合度不高,高层次高素质复合型会计人才供给不足,产教融合、科教融合的体制机制尚不健全,会计人才创新活力未能充分释放,全方位会计人才培养、评价、使用体系尚未形成,会计人才协同发展、交流合作、资源共享有待加强。

一方面,我国会计人才队伍"大而不强",区域发展差异较大,东、中、西部地区会计人才数量不平衡,结构性失衡问题仍然存在,基层行政事业单位会计力量薄弱,会计人才梯队分布不平衡,从事基础核算的人员较多,具有新时代发展理念、全球战略眼光、管理创新能力的高端会计人才供给不足,会计人才实现高质量均衡发展的难度较大;另一方面,大数据、人工智能、移动互联网、物联网、区块链等技术革新催生新产业、新业态、新模式,进一步推动会计工作与经济业务深度融合、推动会计智能化发展,迫切需要一批既精通专业又熟悉信息技术,既具备战略思维又富有创新能力的复合型会计人才,以推动会计工作适应数字化转型,实现"提质增效"的改革发展目标。会计工作需要不断引入新理念、新思想、新技术,会计人员在持续更新知识体系,不断提高战略思维、分析判断、沟通协调等能力,主动适应数字化转型和经济社会高质量发展等方面面临较大压力。

2018年,教育部发布《高等学校人工智能创新行动计划》,为高等职业教育人才培养模式的变革提供了政策保障。在财会领域,德勤等国际会计事务所上线财务机器人,基层会计核算工作被人工智能财务系统替代。

"十四五"时期是会计工作实现高质量发展的关键时期,如何实现会计改革发展趋势为"变革融合"？首先，应把握数字化、网络化、智能化融合发展的契机，促进财务会计类专业与其他专业的交叉融合。其次，适当增加管理会计、会计信息化、大数据财务应用相关课程内容的比重，真正实现大数据与财务会计类专业深度融合。

高职院校会计信息管理专业主要面向中小型企业、会计信息化服务行业、企事业单位等，培养适应现代化管理与发展的应用型人才。该专业大学生要掌握扎实的理论知识与会计信息管理的基本技能，熟练运用会计信息化管理软件，掌握业务的财务一体化处理能力。具体而言，专业培养的人才能够对单位内外部规模较大的财务相关数据（财务数据和大量的非财务数据）进行收集、准备、分析、行动，为单位的发展提供有用的信息（财务和非财务的），所以会计信息管理专业是会计学科和信息学科跨界融合的产物。

2. 企业调研

选取学院所处地区开展调研，调研形式主要包括访谈、电话访问、电子邮件、实地参观等，调研的企业涉及多个行业。主要包含以下几项内容。

（1）用人单位的岗位需求

岗位需求情况分为初始就业岗位与发展岗位，毕业生刚毕业主要从事出纳、存货核算等岗位，而工作几年后会逐步从事财务管理、总账会计等技术含量相对较高的发展岗位。企业具体工作岗位见表2.1。

表2.1 调研企业设置的财务会计类岗位分析表

岗位名称	岗位类别
员工报销	财务共享类
采购与应付	财务共享类
资金结算	财务共享类
固定资产	财务共享类
审核	代理记账
录入	代理记账
收发	代理记账
财务分析岗	管理会计类
绩效管理岗	管理会计类
营运管理岗	管理会计类
成本管理及分析岗	管理会计类

续表

岗位名称	岗位类别
内部审计岗	审计/咨询
审计经理	审计/咨询
管理咨询	审计/咨询
通用核算会计岗	通用核算类
成本费用核算岗	通用核算类
往来结算岗通用	通用核算类
工资核算岗通用	通用核算类
系统维护及开发岗	信息化类
数据分析岗	信息化类
系统管理岗	信息化类
销售业务财务	业务财务类
项目财务	业务财务类

(2) 专业岗位的知识、能力、素质需求

表 2.2　专业岗位知识、能力分析表

专业岗位知识、能力	填制、审核凭证、结账
	财务分析
	现金、银行存款核算及余额的核对
	财务软件的使用
	往来款核算、账龄分析
	会计报表的编制
	税费计算与申报的方法能力
	成本核算及管理
	业务数据处理及分析
	系统维护

对会计人员综合职业素质方面的要求中,被调研企业不再一味追求高学历,除了重视会计实务操作技能、熟练操作各类办公软件的能力(见表2.2),还重视良好的会计职业道德、团队协作能力、沟通能力等(见表2.3)。因此,会计人员除了具备较强的会计实务操作能力,还要能处理与工商、税务、银行等之间关系,处理与供应商、经销商之间的关系,具有较强的团队协作、良好的语言表达和沟通能力等。

表 2.3 专业岗位综合职业素质分析表

综合职业素质	良好的会计职业道德
	熟练操作办公软件
	具有大数据分析能力
	熟悉相关财经法律及其他法律法规
	具有良好的沟通能力
	能够承受较大工作压力
	具有较强的团队协作能力
	自主学习能力
	持续发展能力

(3) 毕业生调研

调研本专业毕业生的就业现状以及其对课程设置、教育教学、实习实践等教学过程与效果的意见和建议。大学生普遍反映人才培养方案中理论课时较多,需增加与初级会计师证书相关的课程,要重视培养大学生的会计职业道德、团队协作能力、沟通能力等。

(4) 在校生调研

对本专业学情进行摸底,深入分析大学生的学习行为特征,明确其学习能力,从大学生的角度进一步优化课程体系,创新教学方法。从调研的结果看,大学生普遍反映了两个方面的问题。

一是会计信息管理最终会被应用到实际工作中,由于受到师资力量与教学条件的限制,实践性教学内容偏少,缺少专业的实验室,会计信息管理专业理论与实践相脱节,重知识轻能力,人才培养模式与方法单一,阻碍了人才的个性化发展,形成了千人一面的所谓"合格"人才,扼制了大学生创新性思维的形成,无法满足经济时代背景下的社会发展。

二是教学与评价手段单一。在会计信息管理专业人才培养模式中,对学习效果影响较大的是教学方式以及教学评价手段,许多高职本科院校教学质量评估制度存在单一性,导致教师在授课的时候,在教学模式、教学项目、教学评价等方面动力不足,更加侧重于利用教学大纲进行大学生学习成果评价。

(5) 省内标杆学校调研

近几年开设会计信息管理专业的高职院校越来越多,根据教育部高校招生阳光工程指定平台阳光高考最新统计数据显示,2021 年全国已有 126 所高校开设了会计信息管理专业,其中安徽省有 9 所高职院校开设了该专业,具体开设院校如图 2.1 所示。

```
会计信息管理所开设学校

全国  北京  河北  山西  内蒙古  辽宁  吉林  黑龙江  江苏  浙江  安徽  福建  江西  山东  河南  湖北  湖南  广东
广西  海南  重庆  四川  贵州  云南  陕西  甘肃  青海  宁夏  新疆

院校名称                         推荐指数    院校名称                 推荐指数
安徽商贸职业技术学院              - -         安徽国防科技职业学院      - -
安徽审计职业学院                  - -         民办合肥财经职业学院      - -
徽商职业学院                      - -         马鞍山职业技术学院        - -
安徽现代信息工程职业学院          - -         合肥信息技术职业学院      - -
桐城师范高等专科学校              - -
```

图 2.1 2021 年安徽省开设会计信息管理专业高等职业院校图

通过前期调研分析,目前国家级"双高计划"的高职院校(以下简称国家级双高院校)都很支持新课程的研发,进行了基于"会计信息管理"的课程开发与设计,设置了税费计算与申报、企业内部控制、会计信息系统实训应用、企业财务分析、管理会计应用实训等实用性和实操性较强的课程。同时,国家级双高院校也都很重视课程资源建设,设有国家级精品课程和资源库;教学管理与实施均按教育部要求规范进行,确保专业教学有序进行。通过对比分析国家级双高院校与普通的高职院校的会计信息管理专业,国家级双高院校主要优势集中在以下几点:

① 专业人才培养方案内容与执行情况

调研的学校在人才培养方案的内容上均包含专业名称及代码、培养目标、培养规格(知识、能力、素质及获取职业证书要求)、专业核心课程和主要实践性教学环节、修业年限、毕业条件及学分要求、课程设置及教学进程表、专业核心课程简介等内容。相对来说,国家级双高院校人才培养方案富有创新性,能体现出社会对人才培养的要求,且较为标准和科学。

② 专业人才培养方案的实施

调研的学院均加强教学运行过程管理及质量监控,完善各项管理制度,建立督导机制,定期召开大学生座谈会,建立教学质量信箱以及网络测评等制度,及时掌握、监控教学运行过程和人才培养质量。国家级双高院校人才培养方案除了包含上述基本内容,还包括毕业生上岗标准、课程路线与体系设计、教学实施条件(包括专任教师条件和兼职教师配置、实践教学条件要求、校内实训配置条件)、教学资源(包括教学资源要求和专业资源现有情况介绍)、教学组织与评价、运行机制与保障等多个方面的内容。

③ 重视教学评价

教学评价包括诊断性评价、形成性评价和总结性评价三方面,部分学院内部设立教学质量诊断与改进办公室,通过教学质量诊断改进的实施、教学管理组织机构的健全、专业教学指导委员会的成立、教学管理和大学生实习实训的方案制定、教学质量保障体系的建立和实施、校企合作长效机制构建等措施,确保人才培养方案保质保量执行。

但在专业教学过程中也出现了一些问题,根据调研的结果进行分析,主要问题集中在以下几个方面:

a. 专业建设

在教学中注重将专业教育与人文素质教育相融合,突出大学生能力和素质的培养,通过知识技能竞赛、学术报告等形式多样、内容丰富的活动,提高大学生综合素养,但专业特色不明显,创新不足,人才培养模式较为传统。

b. 校企合作

在校企合作方面,所调研的学校与企业共建顶岗实习基地和人才培养基地,邀请企业参与专业人才培养,但校企合作的层次相对比较低,基本停留在实习、参与人才培养方案的制定上,没有真正建立更深度的校企融合的长效机制。

c. 课程体系、教学管理与实施

所调研的学校均开设了"会计基础""中级企业财务""成本会计""管理学基础""企业财务管理"" Excel 在会计中的应用""会计综合实训"等课程,实践教学课时比例达 60% 左右。这说明被调研的学校都重视专业基本技能和动手能力的培养。但所开设的课程理论性较强,实用性、应用性和实操性偏弱,课程名称和内容存在创新课程开发不够。

d. 教学评价与质量保障

所调研的学校均通过教学工作委员会,全面负责全校范围内的教学质量保障工作,保证全校质量保障工作的正常运转,重视大学生评价。但并未引入社会、企业、政府等三个方面的人才评价机制,如何提高人才培养质量还有待于进一步研究。

e. 专业人才培养方案使用与评价情况

国内的部分国家级双高院校有完善的评价机制、评价体系及监测数据,有利于人才培养方案的及时完善。部分院校做到校内评价和企业评价相结合的原则,建立学院、企业、大学生三方的教学质量评价和监控机制,形成以学校为核心、社会参与的教学质量保障体系,共同制定专业人才培养方案;建立毕业生质量和用人单位信息跟踪反馈体系,邀请行业企业专家参与教学质量评价,并将评价结果用于专业人才培养质量的改进。但所调研的部分非双高院校,人才评价机制方面以及数据监控和信息等都还不够健全。

2.2 专业基本情况及改革思路

2.2.1 调研基本情况

1. 本专业人才需求的趋势情况

随着信息技术的飞速发展,会计工作不再拘泥于单纯的记账、算账、报账和事后的监督,而是跃升到业务发生的最前端(订立合同)并且遍及整个业务发生过程(业务流、财务流),倡导业务导向,打造业务管控平台,实现业务和财务的深度融合,并借助信息技术,通过流程管控,实现管理会计目标,提升企业价值,以期尽快实现会计工作的转型升级。会计信息管理专业人才除了要学习财务会计类的知识,还需要对单位内、外部规模较大的财务相关数据(财务数据和非财务数据)进行收集、整理、分析,真正具备会计学科和信息学科跨界融合的能力。

2. 企业人才需求情况

随着"互联网＋"的飞速发展,人类进入大数据、智能化、移动互联网、云计算等快速发展与应用的时代,电子支付模式以及电子票务处理系统的运用和网上报税等,使得会计工作逐步实现无纸化、移动化、自动化。传统的编制记账凭证、登记账簿、编制会计报表等财务会计工作以及基础的会计核算工作由软件自动生成或者由财务机器人完成。这大大提高了工作效率,也使得传统的核算型财务会计人员的岗位需求逐步减少,但是对注重企业价值增值的会计信息管理的需求激增。

深度的业财税融合、业务流程管理与控制正在成为会计工作的主流,随之而来的是会计工作重心正在向风险管控、全面预算管理、成本控制等战略财务、精细化财务转变,会计的监督工作将更加系统而全面。会计的监督活动也从事后监督转向事前防控(签订合同)、事中监督(业务发生)和事后监督(财务核算)的全过程监督,以减少损失、降低成本,提升企业核心竞争力,最终实现企业价值最大化。

会计工作领域的扩展对会计人员的素质要求更高。伴随着电子发票、移动支付和电子支付模式的推广与应用,数据可以实时传输、实时处理,传统的事后记账、算账和报账以及基于事后数据进行的分析评价等财务会计工作前移,进一步拓展到单位内部控制、投融资决策、项目论证、经营数据分析及运营风险管控等管理领域。

今后会计工作是熟悉企业经济业务的大财务,既胜任业务又能处理财务事项的会计,将财务的资金风险把控传导到业务最前端——合同的签署或者项目的立项,再到中间环节的审批流程,都按预算进行严格控制,环环相扣,稳步推进业务与财务工作,即以资金流管控的业务,并通过财务共享中心统一调配,实现资源整合与人员的合理配置。在促进企业管理工作提质增效的同时,业务和财务深度融合发展对会计人才质量提出了更高的要求,熟练运用信息技术、精通财务工作、熟悉业务流程、具有战略管理与风险管理思想和可准确进行数据分析与处理的人才,将是未来会计工作所必需的,也是实现企业价值最大化的保障。

3. 毕业生需求情况

① 增加实训课时。目前的人才培养方案中理论课时较多,还需增加实训课时,培养大学生的实践操作能力。比如,纳税申报、资金核算、往来款项核算、财产物资核算、成本费用核算和财务成果的核算等课时需要增加。

② 开设与初级会计师、初级审计师证书相关的课程。随着会计从业资格证的取消,越来越多的企业对持有初级会计师、初级审计师证书的会计人员会优先录用,所以急需增加与初级会计师、初级审计师证书相关的课程。

③ 增加与会计信息管理专业相关的1+X证书,融合校企多方资源,将职业技能等级证书与学历证书相互融通,在新数字时代产业与技术发展趋势下优化专业建设、重构课程体系和调整教学内容,改革课程考核方式,试点弹性学分制改革。有效提高大学生的职业素养和技能水平,形成针对区域经济发展特性的人才培养体系,增强大学生的就业创业本领。与会计信息管理专业相关的1+X证书如图2.2所示,各校可根据本校的实际情况,进行证书融合。

- 1+X财务共享服务
- 1+X财务数字化应用
- 1+X大数据财务分析
- 1+X个税
- 1+X金税财务应用
- 1+X数字化管理会计
- 1+X业财税融合成本管控
- 1+X业财一体信息化应用
- 1+X智能估值数据采集与应用

图2.2 会计信息管理专业相关的1+X证书图

④ 加大对大学生综合职业素质方面的培养,重视培养大学生的会计职业道德、团队协作能力、沟通能力等,并开设与之相关的课程。

4. 在校生调研情况

目前在会计信息管理专业信息化的教学过程中,无论在校园网络环境、计算机以及数字化教学软硬件方面,都不尽如人意。实训平台页面的更新十分缓慢,甚至出现了死机现象,严重影响正常的教学进度和教学效果。在计算机硬件方面,计算机设备陈旧且老化严重,几乎每个机房都有不同数量的计算机无法开启;教室的投影、音响设备"超龄服役",时好时坏,效果不佳;且计算机没有配备耳机,无法满足大学生个性化学习的需要;机房的数量也偏少,大学生只能轮流使用仅有的几个机房,这给正常的教学安排及教学效果造成了一定的影响。

2.2.2 改革思路

针对会计行业的人才结构现状,分析了企业对于会计信息管理专业人才需求的情况,遵循企业岗位设置对人才结构类型的需求,企业财务会计类岗位对知识技能的要求,从会计行业、会计信息管理专业调研出发,分析工作任务和职业标准,确定会计信息管理专业大学生人才培养规格。

1. 知识结构要求

(1) 掌握必备的思想政治理论、科学文化基础知识和中华优秀传统文化知识。
(2) 熟悉与本专业相关的法律法规以及环境保护、安全消防等知识。
(3) 掌握经济、财政、税务、金融、企业管理、电子商务等基础知识。
(4) 掌握企业财务会计、成本管理、预算管理、财务分析、投融资管理、营运管理、绩效管理、内部控制与风险防范等专业知识。
(5) 掌握社会审计、内部审计的相关知识。
(6) 掌握企业ERP信息管理、业务财务一体化应用、财务共享服务、数字化管理会计等专业知识。

2. 能力结构要求

(1) 具有探究学习、终身学习、分析问题和解决问题的能力。
(2) 具有良好的语言、文字表达能力和沟通能力。
(3) 具有文字、表格、图像的计算机处理等本专业必需的信息技术应用能力。

(4) 具备会计核算能力,能够准确进行会计要素的确认、计量和报告,熟练进行会计凭证审核与编制、账簿登记以及报表编制。

(5) 具备成本计算、成本分析、成本控制与成本效益评价以及财务分析与决策能力。

(6) 具备预算管理、营运管理、投融资管理、绩效管理能力。

(7) 具备涉税事务处理能力,能够正确计算各种税费,并进行规范申报,能够进行基本的纳税筹划和纳税风险控制。

(8) 具备业务财务一体化应用,财务共享服务与财务信息的数据挖掘、数据分析、数据应用能力。

(9) 具备一定的审计工作能力,能够收集整理审计证据和有关审计信息,编制审计工作底稿,协助审计人员编制审计报告。

(10) 具备必要的创新创业能力。

3. 素质结构要求

(1) 坚定拥护中国共产党的领导和我国的社会主义制度,在习近平新时代中国特色社会主义思想指引下,践行社会主义核心价值观,具有深厚的爱国情感和中华民族自豪感。

(2) 崇尚宪法、遵法守纪、崇德向善、诚实守信、尊重生命、热爱劳动,履行道德准则和行为规范,具有社会责任感和社会参与意识。

(3) 具有质量意识、环保意识、安全意识、信息素养、工匠精神、创新思维。

(4) 勇于奋斗、乐观向上,具有自我管理能力、职业生涯规划的意识,具有较强的集体意识和团队合作精神。

(5) 具有健康的体魄、心理和健全的人格,掌握基本运动知识和一两项运动技能,养成良好的健身与卫生习惯以及良好的行为习惯。

(6) 具有一定的审美和人文素养,能够形成一两项艺术特长或爱好。

不同的社会发展阶段对不同专业的设置以及培养目标都有着不同的需求,在新经济时代背景下,会计信息管理专业人才培养模式面临着进一步改革,通过数据分析来引领财务决策的信息化。高职院校要正确认清自身的发展方向,以市场需求为导向,在职业分析的基础上为人才培养目标进行定位,促进大学生个性化发展,满足社会行业需求,为经济社会的发展输送大批量多元化高素质会计信息管理人才。

第 3 章 会计信息管理专业人才培养方案

会计信息管理专业人才培养方案是会计信息管理专业的基本教学文件,适用于学院高等职业教育(专科)会计信息管理专业。它是会计信息管理专业组织开展专业教学活动、实施专业人才培养、进行专业建设和开展质量评价的基本依据。

本方案依据教育部《高等职业院校专业教学标准(试行):财经商贸大类》制定,由安徽审计职业学院会计信息管理专业教学团队调研起草,专业建设委员会论证,系党政联席会审核,学院教学工作委员会(学术委员会)评议,学院院长办公会和党委会审定后发布实施。

3.1 专业名称和专业代码

专业名称:会计信息管理

专业代码:530304

表 3.1 高等职业教育专科财务会计类新旧专业对照表

序号	专业代码	专业名称	原专业代码	原专业名称	调整情况
53 财经商贸大类					
5301 财政税务类					
5302 金融类					
5303 财务会计类					
512	530301	大数据与财务管理	630301	财务管理	更名
513	530302	大数据与会计	630302	会计	更名
514	530303	大数据与审计	630303	会计	更名
515	530304	会计信息管理	630304	会计信息管理	保留

3.2　招生对象和学制

参照招生类型,不同的招生对象对应不同的专业人才培养方案,本书重点讲解普通高等学校全国统一考试招生对象(简称"统招")。

(1) 入学要求

普通高等学校全国统一考试招生对象:高级中等教育学校毕业或具有同等学力人员。

(2) 修业年限

学制:3年。

3.3　专业培养目标

会计信息管理专业培养理想信念坚定,德、智、体、美、劳全面发展,具有良好的职业道德、敬业精神和正确的专业认同,掌握会计以及财务信息管理等专业理论知识,具备较强的会计信息管理专业技能和职业后续发展能力,能胜任各类大中小企业、行政事业单位、咨询机构等单位财务会计信息收集、整理、分析和数据处理等相关工作的高素质劳动者和技术技能人才,培养区域发展急需的高素质技术技能人才。

3.4　人才培养模式

为培养符合市场需求的财经类高素质技术技能人才,有效提高大学生分析、解决问题与实践动手的能力,会计信息管理专业采用"三阶段"进阶式的培养模式。第一阶段为公共基础课程及专业基础课程培养,该阶段拓宽了财经类课程,有助于为大学生后期的专业学习打下扎实的基础;第二阶段为专业方向课程学习及实训和项目业务处理,该阶段大学生的能力培养将从基本技能锻炼提升到项目业务处理,最后到岗位能力素养培养,从基本知识能力过渡到业务与财务一体信息化应用能力,最后到岗位职业能力;第三阶段为岗位实习,在该阶段的每个大学生需至少完成6个月的岗位实习,通过岗位实习使大学生尽早地融入社会、融入企业文化,真实体验社会对会计信息管理专业的职业需求,尽早进行个人职业发展规划,为就业做好准备工作。具体教学方式,主要有以下几种。

3.4.1 运用线上教学平台,开展个性化教学

积极应用慕课、微课等形式,持续推进应用信息技术改造传统教学,促进泛在、移动、个性化学习方式的形成,采用虚拟仿真教学软件,推广教学过程与生产过程实时互动的远程教学。创新信息化教学与学习方式,开展个性化教学,让每个大学生都有个性化学习的机会。

3.4.2 运用现代信息技术,采用混合式教学方法

适应"互联网+职业教育"发展的需求,结合财经人才培养的特点,采用"任务导向、线上自学"的方式培养大学生的自主学习能力,采用"项目引领,线下强化"的方式加大大学生的技能训练与指导。借助多种教学平台,如职教云课堂、雨课堂、e会学等信息化教学平台,运用翻转课堂教学方法开展专业技能课程的教学。

3.4.3 运用实践教学手段,开展多层次实践教学改革

实践教学是技术技能型财经人才培养的关键,采用多层次实践教学法,在专业核心课程中融入单项技能训练,在每学期期末开展基于工作过程的综合技能训练,在第三学年开展半年至一年的"校内岗位实习+校外岗位实习"。实践教学采用"校内教师+企业导师"的双导师制。通过6个月的企业实习,接触真实的企业业务,提升大学生的实际应用能力与社会适应力。

3.5 职业面向

会计信息管理专业职业面向见表3.2。

表3.2 会计信息管理专业职业面向

所属专业大类（代码）	所属专业类（代码）	对应行业（代码）	主要职业类别（代码）	主要岗位群类别（或技术领域）举例		职业技能等级证书、社会认可度高的行业企业标准和证书、1+X证书举例
财经商贸大类（53）	财务会计类（5303）	会计、审计及税务服务（7241）	会计专业人员（2-06-03）审计专业人员（2-06-04）税务专业人员（2-06-05）	会计核算 财务分析 投资管理 成本管理 税务管理 纳税筹划	会计监督 预算管理 融资管理 绩效管理 税务咨询 审计助理	初级会计师；初级审计师；证券从业资格；全国计算机等级考试；1+X（数字化管理会计、业财一体信息化应用、财务共享服务等）证书

3.6 人才培养规格

会计信息管理专业所培养的人才应具有以下素质结构要求、知识结构要求与能力结构要求。

3.6.1 素质结构要求

(1) 坚定拥护中国共产党领导和我国社会主义制度,在习近平新时代中国特色社会主义思想指引下,践行社会主义核心价值观,具有深厚的爱国情感和中华民族自豪感；

（2）崇尚宪法、遵纪守法、崇德向善、诚实守信、尊重生命、热爱劳动,履行道德准则和行为规范,具有社会责任感和社会参与意识；

（3）具有质量意识、环保意识、安全意识、信息素养、工匠精神、创新思维；

（4）勇于奋斗、乐观向上,具有自我管理能力、职业生涯规划的意识,有较强的集体意识和团队合作精神；

（5）具有健康的体魄、心理和健全的人格,掌握基本运动知识和一两项运动技能,养成良好的健身与卫生习惯,达到《国家学生体质健康标准》（2022修订）的评价标准,养成良好的行为习惯,形成自尊自信、理性平和、积极向上的社会心态；

（6）具有一定的审美和人文素养,能够拥有一两项艺术特长或爱好。

3.6.2 知识结构要求

（1）掌握必备的思想政治理论、科学文化基础知识和中华优秀传统文化知识；

（2）熟悉与会计信息管理专业相关的法律法规以及环境保护、安全消防等知识；

（3）掌握经济、财政、税务、金融、企业管理等基础知识；

（4）掌握企业财务会计、成本管理、预算管理、财务分析、投融资管理、营运管理、绩效管理、内部控制与风险防范等专业知识；

（5）掌握社会审计、内部审计的相关知识；

（6）掌握企业ERP信息管理、业务与财务一体化应用、财务共享服务、数字化管理会计等专业知识。

3.6.3 能力结构要求

（1）具有探究学习、终身学习、分析问题和解决问题的能力；

（2）具有良好的语言、文字表达能力和沟通能力；

（3）具有文字、表格、图像的计算机处理等会计信息管理专业必需的信息技术应用能力；

（4）具备会计核算能力,能够准确进行会计要素的确认、计量和报告,熟练进行会计凭证审核与编制、账簿登记以及报表编制；

（5）具备成本计算、成本分析、成本控制与成本效益评价及财务分析与决策能力；

(6) 具备一定的财务管理能力,能够运用财务管理的基本原理和方法进行中小微企业筹资、投资及营运方案的分析,能够运用预算编制的基本方法编制企业收入、成本费用以及项目预算;

(7) 具备涉税事务处理能力,能够正确计算各种税费,并进行规范申报,能够进行基本的纳税筹划和纳税风险控制;

(8) 具备业财一体信息化应用、财务共享服务与财务信息的数据挖掘、数据分析、数据应用能力;

(9) 具备一定的管理会计能力,能够进行财务、业务信息的处理、分类、分析、输出等,为企业提供决策所需的信息;

(10) 具备一定的审计工作能力,能够收集整理审计证据和有关审计信息,编制审计工作底稿,协助审计人员编制审计报告;

(11) 具备撰写财务会计报告、财务与成本分析报告的能力;

(12) 具备必要的创新创业能力。

3.7 课程体系构建

根据会计信息管理岗位职业标准和广泛的市场调查,设置专业培养目标人才规格,会计信息管理专业的培养目标为:本专业培养理想信念坚定,德、智、体、美、劳全面发展,具有良好的职业道德、敬业精神和正确的专业认同,掌握会计以及财务信息管理等专业理论知识,具备较强的会计信息管理专业技能和职业后续发展能力,能胜任各类大中小企业、行政事业单位、咨询机构等单位财务会计信息收集、整理、分析和数据处理等相关工作的高素质劳动者和技术技能人才,培养区域发展急需的高素质技术技能人才。

围绕专业人才培养目标,以职业领域分析为基础,紧扣大学生就业岗位,生成工作任务。针对完成这些典型工作任务提炼核心职业能力、知识、素质,并设定相应的支撑课程。此后,解构现行的课程体系,按照由简单到复杂的认知规律,重新划分各个课程边界,构建"会计信息管理的课程体系"。

3.7.1 课程体系

课程体系主要包括公共基础课程和专业课程。

公共基础课程根据党和国家有关文件规定,将思想政治理论、中华优秀传统文化、体育、军事理论与军训、大学生职业发展与就业指导、心理健康教育等列入公共基础必修课;将党史国史、劳动教育、大学语文、信息技术、经济应用数学、公共外语、创新创业教育、健康教育、美育课程、职业素养等列为必修课或选修课。同时,学校根据自己的实际情况开设具有本校特色的校本课程。

专业课程一般包括专业基础课程、专业核心课程、专业拓展课程,并涵盖有关实践性的教学环节。学校自主确定课程名称,但应包括以下主要教学内容。

1. 专业基础课程

一般设置6~8门。包括财经法规与会计职业道德、经济基础、金融基础、统计基础、经济法基础、基础会计、出纳实务、审计基础等课程。

2. 专业核心课程

一般设置6~8门。包括成本会计、纳税实务、会计信息系统应用、财务管理、管理会计、初级会计实务、业财一体信息化、财务共享等。学校可根据实际情况,适当调整1~2门课程。

3. 专业拓展课程

一般包括三类,一是拓展大学生应用能力的课程,如财务大数据与商业智能、Excel在会计中应用、ERP沙盘模拟训练、大数据财务报表分析、会计综合实训等;二是促进人才深层次发展的课程,如企业管理、市场营销、证券投资实务等;三是体现学校特色的课程。

4. 实践性教学环节

主要包括实训、实习、毕业设计和社会实践等。大学生实训课程可在校内实训室、校外实训基地等开展完成;实践性教学主要包括:点钞捆钞、凭证整理与装订、小键盘录入、会计书写、办公软件应用等会计基本技能实训课,以及出纳岗位技能训练、ERP沙盘模拟训练、会计岗位技能训练、会计综合技能训练、纳税申报技能训练等。实训实习既是实践性教学,也是专业课教学的重要内容,应注重理论与实践一体化教学,并严格按照《职业院校大学生实习管理规定》的要求执行。

3.7.2 相关要求

学校应结合实际,开设安全教育、社会责任、绿色环保、管理等人文素养、科学素养等方面的选修课程、拓展课程或专题讲座(活动),并将有关内容融入专业课程教学中;将创新创业教育融入专业课程教学和有关实践性教学环节中;自主开设其他特色课程;组织开展德育活动、志愿服务活动和其他实践活动。

3.8 课程设置与学时安排

3.8.1 课程设置

本专业课程包括公共基础课程和专业课程。

1. 公共基础课程

根据党和国家有关文件规定,将思想政治理论、中华优秀传统文化、体育、军事理论与军训、大学生职业发展与就业指导、心理健康教育等列入公共基础必修课;将党史国史、劳动教育、创新创业教育、财经应用文写作、信息技术、高等数学、公共外语、教育健康、人文素养、科学素养、美育、财务职业素养等列入必修课或选修课。

(1) 思想道德与法治

该课程是一门公共基础课程,是高等职业院校专科课程设置中"思想政治理论课"必修课程之一。该课程的核心内容是"三观"教育。思想观方面主要阐述:创造有意义的人生、坚定崇高的理想信念、弘扬民族精神和时代精神、践行社会主义核心价值观。道德观方面主要阐述:传承中华传统美德、发扬中国革命道德、借鉴人类文明优秀道德;遵守社会公德、职业道德、家庭道德,养成高尚的个人品德。法治观方面主要阐述:建设中国特色社会主义法治体系,走中国特色社会主义法治道路,培养法治思维,依法行使权利并履行义务。同时,基于学院的办学特色,适当安排一些关于审计核心价值、会计伦理等职业道德教育的相关内容。该课程主要讲授马克思主义的人生观、价值观、道德观、法治观,社会主义核心价值观与社会主义法治建设的关系,帮助大学生筑牢理想信念之基,培育和践行社会主义核心价值观,传承中华传统美德,弘扬中国精神,尊重和维护宪法法律权威,提升思想道德素质和法治素养。结合高等职业院校的自身特点,注重加强对大学生的职业道德教育。

(2) 毛泽东思想和中国特色社会主义理论体系概论

该课程是一门公共基础课程,是高等职业院校专科课程设置中"思想政治理论课"必修课程之一。该课程的核心内容是三大部分:第一部分主要阐述毛泽东思想,涉及毛泽东思想的总体概述、新民主主义革命理论、社会主义改造理论、中国社会主义建设道路初步探索的理论成果;第二部分主要阐述邓小平理论、"三个代表"重要思想、科学发展观各自形成的社会历史条件、形成发展过程、主要内容和历史地位;第三部分主要阐述习近平新时代中国特色社会主义思想及其历史地位、坚持和发展中国特色社会主义的总任务、"五位一体"总体布局、"四个全面"战略布局、全面推进国防和军队现代化、中国特色大国外交、坚持和加强党的领导。该课程主要讲授中国共产党把马克思主义基本原理同中国具体实际相结合产生的马克思主义中国化的两大理论成果,帮助大学生理解毛泽东思想、邓小平理论、"三个代表"重要思想、科学发展观、习近平新时代中国特色社会主义思想是一脉相承又与时俱进的科学体系,引导大学生深刻理解中国共产党为什么能、马克思主义为什么行、中国特色社会主义为什么好,坚定"四个自信"。

(3) 形势与政策

该课程是一门公共基础课程,是高等职业院校专科课程设置中"思想政治理论课"必修课程之一。该课程主要讲授党的理论创新最新成果,新时代坚持和发展中国特色社会主义的生动实践,马克思主义形势观政策观、党的路线方针政策、基本国情、国内外形势及其热点难点问题,帮助大学生准确理解当代中国马克思主义,深刻领会党和国家事业取得的历史性成就、面临的历史性机遇和挑战,引导大学生正确认识世界和中国发展大势,正确认识中国特色和国际比较,正确认识时代责任和历史使命,正确认识远大抱负和脚踏实地。

(4) 党史国史

该课程是一门公共基础课程,是高等职业院校专科课程设置中"思想政治理论课"选择性必修课程之一。该课程主要讲授中国共产党自诞生以来领导中国人民实现中国梦的探索史、奋斗史、创业史和发展史;帮助大学生正确认识党的历史、新中国的历史,从中汲取新的智慧和力量。该课程引导大学生深刻认识我们党先进的政治属性、崇高的政治理想、高尚的政治追求、纯洁的政治品质,深刻认识中国从站起来、富起来到强起来的艰辛探索和历史必然,深刻认识党的执政使命和根本宗旨,引导大学生增强"四个意识",坚定"四个自信",做到"两个维护"。

(5) 军事理论

该课程既是一门公共基础课程,也是安徽审计职业学院各专业开设的一门网络通识课程。该课程以国防教育为主线,以军事理论教学为重点。军事理论教学有助于大学生掌握基本军事理论与军事技能,增强国防观念和国家安全意识,强化爱国主义、集体主义观念,加强组织纪律性,促进综合素质的提高,为中国人民解放军训练储备合格后备兵员和培养预备役军官打下坚实的基础。该课程从"思想路径"入手,抓核心、抓关键,积极着眼于"实践路径"以促进当代大学生对思想政治教育和军事理论课程主动的认可。该课程有助于提升大学生的人格素养,完备知识体系,强化国防意识,养成国家责任感和民族自豪感。

(6) 心理健康教育

该课程既是一门公共基础课程、健康教育课程,也是大学生综合素质培养的必修课程。该课程主要阐述大学生心理健康的基本理论和知识,自我心理保健的基本方法和技能,具体包括:心理健康导论、人格发展、异常心理等基本理论;生涯规划、学习心理、人际交往、性心理及恋爱心理、生命教育等基本知识;自我意识培养、心理困惑疏解、情绪管理、压力管理与挫折应对、心理危机应对等基本方法和技能。该课程是提高大学生心理素质、促进大学生全面发展的公共基础课程,有助于培养大学生自尊自信、理性平和、积极向上的社会心态,提升大学生社会适应能力、团队合作能力等职业素养。

(7) 职业发展与就业指导

该课程是一门公共基础课程。该课程是一门帮助大学生规划未来发展,掌握自我探索、环境探索、生涯决策的方法,提高求职技巧,撰写职业化简历,有效应对面试,培养职场素质,提升生涯管理能力的课程。通过对该课程的学习有助于大学生增强职业规划意识,明确学习目标;增强自主学习的能动性,潜心关注目标行业的生产现状和科技成果;把大学生的思想政治教育融入到职业素质培养中,最终实现个人目标与社会目标协调发展。

(8) 高等数学

该课程是一门公共基础课。该课程内容以三年制高等职业教育的培养目标为依据,注意与中学数学课程的衔接,按照"考虑大学生基础,注重实际运用,强化能力培养"的原则,确定教学内容。教学内容按模块式设置,包括微积分、线性代数、概率与数理统计。该课程的教学,可以为大学生今后学习专业课程和工作需要打下必要的数学基础。相关知识的学习,也可以使大学生初步认识极限的思想和方法,初步掌握微积分的基础知识,建立变量的思想,形成辩证唯物主义观点,并掌握运用变量数学方法解决简单实际问题的能力。教学过程中不仅可以培养大学生较强的抽象思维、逻辑思维和创新思维能力,而且有助于大学生养成认真严谨的作风,培养拼搏和奉献的精神。

(9) 英语

该课程是一门公共基础课程,兼具工具性与人文性。该课程以中等职业院校和普通高中的英语课程为基础,与本科教育阶段的英语课程相衔接,旨在培养大学生学习英语和应用英语的能力,具备必要的英语听、说、读、看、写、译技能,进一步促进大学生英语学科核心素养的发展,主要包括职场涉外沟通、多元文化交流、语言思维提升和自主学习完善四个方面。通过该课程的学习,大学生应该能够达到课程标准所设定的四项学科核心素养的发展目标,能够在日常生活和职业场所中用英语进行有效沟通,为大学生未来的继续学习和终身发展奠定良好的英语基础。该课程能够拓展大学生的思维能力,提升大学生的独立自主以及合作学习的能力,提升文化修养,培养职业精神与职业技能,形成正确的价值观,成为有文明素养和社会责任感的高素质技术技能人才。

(10) 信息技术基础

该课程是一门公共基础课程。该课程内容包含文档处理、电子表格处理、演示文稿制作、信息检索、新一代信息技术概述、信息素养与社会责任等内容。大学生通过理论知识学习、技能训练和综合应用实践,增强信息意识、提升计算思维,有助于促进自身数字化创新与发展能力、树立正确的信息社会价值观和责任感,为其职业发展、终身学习和服务社会奠定基础。

(11) 体育

该课程是一门公共基础课程,也是一门以身体练习为主要手段、以增进大学生健康为主要目的的必修课程。该课程分别以理论篇和实践篇阐述体育与健康的基本理论知识、各体育项目基本技术,具体包括:体育的目标、体育对人的身心健康作用、体质和健康标志与体育保健、职业体能、运动损伤、《国家学生体质健康标准》(2022年修订)与监控方法等;田径、篮球、排球、足球、乒乓球、网球、武术、跆拳道、健美操、体育舞蹈、瑜伽等。该课程是实施素质教育和培养德、智、体、美全面发展人才不可缺少的重要途径。通过体育课堂的教育渠道,将运动技能与思想教育有效衔接,传输新时代中国特色社会主义,把握体育人文精神,积极营造良好的校园体育文化,树立"健康第一"的理念,自觉养成锻炼身体的习惯,以达到增进健康、培养兴趣、全面发展的目标。

(12) 大学语文

该课程是高职院校的公共基础课,具有审美性、工具性和人文性的特点,具有传播人文精神、开展道德熏陶和加强思想教育的功能。该课程主要学习中外文学史、各时期的文学热点、各种体裁的优秀文学作品等,旨在培养大学生的观察能力、思维能力、审美能力、表达能力、写作能力和创造能力等。该课程立足于对大学生文学兴趣、审美素养和阅读习惯的培养,从而提高大学生的人文素养,塑造大学生的健全人格,培养大学生的问题意识和探究精神,增强大学生的文化自信和责任担当。

(13) 中华优秀传统文化

该课程是一门公共基础课程,是高等职业院校专科课程设置中"思想政治理论课"选择性必修课程之一。该课程主要讲授中国古代各主要思想学说、思想流派及思想家群体,为大学生系统梳理中国古代思想文化衍生变迁的历史轨迹、内在特质及各学说、学派的相互关联。该课程旨在培养大学生能够站在今人的立场上对古代思想文化做现代性的把握,让大学生具备一定的历史感和批判意识,进而能够更好地理解、承续中华优秀传统文化。

(14) 劳动教育

该课程是一门公共基础课程。该课程涵盖劳动科学不同领域的基础知识,围绕劳动主题,从历史到未来,完整勾勒出劳动科学的基本样貌,包括劳动的思想、劳动与人生、劳动与经济、劳动与法律、劳动与安全、劳动的未来等内容,该课程的学习,能使大学生掌握与自身未来职业发展密切相关的通用劳动科学知识,理解和形成马克思主义劳动观,树立正确的劳动价值取向和积极的劳动精神面貌;可以引导大学生确立马克思主义劳动观和幸福观,涵养劳动情怀,厚植劳动精神,确立劳动最光荣、劳动最美丽的价值认同;培育大学生知行合一,脚踏实地的实践精神;引导大学生坚定理想信念在成长成才中的意义,培育创新精神;提高大学生服务国家、服务人民的社会责任感,激发大学生锻造服务社会能力和追求向上向善价值的活力。

(15) 大学生国家安全教育

该课程是一门公共基础课程,也是安徽审计职业学院各专业开设的一门网络通识课程。该课程以习近平总体国家安全观为主线,全面介绍国家安全战略、国家安全管理和国家安全法治等内容,向大学生展现一张宏伟的国家安全蓝图,激发大学生的爱国主义情怀。主讲教师团队通过案例教学,以鲜活的安全案例来阐述国家安全理论,带领大学生从生动的案例中学习国家安全知识,培养大学生维护国家安全的责任感与能力。该课程将思政育人融入课程教学,正确引导大学生树立正确的价值取向。通过该课程的学习,可以提升大学生的综合能力和道德素养,不断推进科教兴国与人才强国战略的实施。

(16)大学生创新基础

该课程是一门公共基础课程,也是安徽审计职业学院各专业开设的一门网络通识课程。该课程立足于新世纪大学生的创新通识教育,采用"理论＋方法＋应用"三位一体的方式,引导大学生了解创新本质,探究创新性思维原理,培养大学生的创新思考方式。通过对几种常用创新思维工具的应用训练,促进大学生对当今时代创新实践应用的深度感知,从而开阔创新视野,启发及促进大学生群体的创新实践。该课程融入社会主义核心价值观,让社会主义核心价值观入脑入心。该课程可以帮助大学生明确创新本质,理解创新的重要性,开拓创新思维,了解创新在社会各个领域的实践运用情况。

(17)大学生创业教育

该课程是一门公共基础课程,也是安徽审计职业学院各专业开设的一门网络通识课程。该课程主要介绍大学生应怎样创业以及创业的具体方法,并用一些案例加以说明;同时对国内外创业情况进行了比较,对大学生创业有很好的借鉴和指导作用,并指导大学生以团队形式开展一些项目化的实践训练。该课程融入社会主义核心价值观,让社会主义核心价值观入脑入心。学校通过该课程的教学,引导大学生尽早树立创业意识,学会创新性思维,提升精神心理品质,了解企业创建和运行管理的基础知识,提升实践创新能力。

(18)大学生防艾健康教育

该课程是一门公共基础课程,也是安徽审计职业学院各专业开设的一门网络通识课程。该课程在普及艾滋病防治知识的基础上,从大学生性健康教育着眼,以大学生喜闻乐见的形式,引导大学生在性道德、性责任方面形成明确认知,引导大学生建立正确的性观念。该课程可以增强大学生对艾滋病认识,引导大学生提高自我防护能力,帮助大学生正确面对并科学预防艾滋病。

2. 专业基础课

(1)基础会计

该课程为会计信息管理专业的专业基础课,也是1+X职业技能等级证书关联课程。该课程主要阐述会计的基本理论和知识、基本核算方法和基本操作技能,具体包括:会计职能、特点、对象,以及会计核算基本前提等基本理论;会计要素、会计等式、会计科目、账户和借贷记账法等基本知识;填制会计凭证、登记会计账簿、编制会计报表等基本方法和操作技能等。该课程是学习初级会计实务、纳税实务、财务管理等专业核心课程的基础,旨在培养大学生的会计职业素质和能力,加强大学生的会计职业道德教育,提升大学生的职业道德和职业素养。

(2) 金融基础

该课程为会计信息管理专业的专业基础课。该课程系统地阐述了金融基础理论、基本知识及运行规律,客观地介绍世界主流金融理论、最新研究成果、实务运行的机制及发展趋势;立足中国实际,努力反映经济体制改革、金融体制改革的进展和理论研究成果,实事求是地探讨社会主义市场经济中的金融理论与实践问题。该课程的内容根据银行、证券、保险课程基础知识需求设计,培养大学生从事金融职业的基本职业素养和基础职业能力,加强大学生的职业道德教育,提升大学生的职业道德和职业素养。

(3) 经济法基础

该课程是会计信息管理专业的专业基础课程,也是初级会计师、初级审计师等职称考试涉及课程。该课程内容包括经济法总论、市场主体法、市场运行法、市场管理法和社会保障法等内容,旨在让大学生掌握经济法的基本概念和原理,培养大学生具备运用所学经济法理论知识解决经济纠纷案例分析的能力、运用经济法理论解决经济活动领域的相关法律问题的能力。该课程的学习,能够完善大学生知识结构,培养法制意识,形成正确的世界观、价值观和人生观,使其成为具有社会责任感的大学生。

(4) 出纳实务

该课程是会计信息管理专业的专业基础课程。主要训练内容有会计书写、人民币辨认、小键盘录入、会计凭证认识、会计凭证填制、会计账簿登记、会计报表的填制等。该课程培养了大学生基础会计实训的职业素质和能力,加强大学生的职业道德教育,提升大学生的职业能力和素养。

(5) 统计基础

该课程是会计信息管理专业的专业基础课程。该课程旨在培养大学生的各种统计方法和工具的应用,使大学生对物流企业及相关业务能够用统计方法进行调研、预测、控制、执行。主要内容包括统计记录、基本单位与基本情况记录、统计编码知识、传票法汇总、统计图和绘制和审视等。课程采用启发式、探究式、讨论式、参与式等教学方法。该课程是大学生参加市场调查与预测大赛的基础课程,有助于培养大学生统计分析的素质和能力,提升大学生对待数据的严谨分析能力和职业素质。

(6) 审计基础

该课程是会计信息管理专业的专业基础课程,也是审计初级职称的一门必考课程。该课程旨在培养大学生掌握审计学的基本知识、基本理论和基本方法程序以及熟练掌握审计工作程序、审计检查方法等。课程内容包括审计学的基本知识、基本理论和基本程序方法,重点阐述注册会计师审计的理论与方法,兼顾内部审计和政府审计的有关内容。该课程的教学以职业能力培养为核心,坚持以就业为导向,以校企合作为途径,以真实的工作任务为教学内容,以基于工作过程的项目教学形式,使大学生了解审计的一般理论知识,明确审计准则、审计标准、审计证据和审计工作底稿等内容,掌握审计程序中三个阶段的工作任务,以及审计方法的具体运用,学会内部控制制度的测试、评审以及审计报告的编写。该课程培养了大学生审计的职业素质和能力,加强大学生的职业道德教育,提升大学生的职业能力和素养。

3. 专业核心课

(1) 纳税实务

该课程是会计信息管理专业的专业核心课程。旨在使大学生掌握与税务相关的基本知识和基本理论。课程内容包括教会大学生掌握税法基本理论知识和税收实务操作基本技能,熟练进行企业主要税种的计算与纳税申报,熟悉主要税种的征收管理,强化大学生的依法纳税意识和税法知识应用能力,为进一步学习相关财经类课程和胜任相关职业岗位打下坚实的基础。该课程的教学一方面依赖于任课教师对基本知识的讲解,另一方面依赖于税法操作平台的训练,尤其是税法竞赛平台的使用,主要以校企合作方式开展教学工作。通过该课程的学习,增强大学生的依法纳税意识和社会责任意识。

(2) 初级会计实务

该课程是会计信息管理专业的专业核心课程,也是会计初级职称的一门必考课程。旨在让大学生从整体上对会计六要素的核算有系统的认识,使大学生具备在企业会计、银行会计等相关领域中进行主要经济业务核算的基本职业能力,并为后续学习专门化课程做前期准备。该课程的教学包括理论部分和真实企业案例实训部分,学习该课程,有助于大学生较为扎实地掌握企业经营业务核算的基本理论、基本方法和基本技能,未来在会计职业岗位上,能正确、熟练地对企业的各项基本经济业务进行核算,掌握会计报表的编制;使大学生了解会计思想与行为的起源、社会经济基础与会计等中国传统文化,让大学生在了解我国悠久文明的同时,增加大学生的文化自信,树立民族文化自信心,培养爱国情怀;同时,为大学生学习后续的专业课程打好基础。

(3) 会计信息系统应用

该课程是会计信息管理专业的专业核心课程。旨在使大学生掌握会计电算化的基本操作方法。该课程以工业企业的经济业务为背景,由浅入深地阐述会计信息化环境下企业各项财务链、供应链业务的处理方法和处理流程。主要内容包括系统管理、企业应用平台、总账管理、固定资产管理、薪资管理、UFO 报表管理系统、应收款管理、应付款管理、采购管理、销售管理、库存管理、存货核算等子系统。课程主要采用讲授、案例分析及上机实训等教学方法，旨在培养大学生的业财融合能力。该课程的教学将依赖于会计信息化平台，以真实企业会计账为基础，使大学生真实模拟会计信息化操作流程及操作方法。该课程有助于培养大学生对信息化手段的掌握能力，了解信息技术对国家强大的重要作用。

（4）财务管理

该课程是会计信息管理专业的专业核心课程。旨在使大学生掌握财务管理实务的基本知识和基本理论。课程内容包括财务管理三大模块内容，即财务管理的基础知识和财务管理的基本观念；财务管理的核心内容，包括筹资管理、资本成本及其结构、项目投资管理、证券投资管理、营运资金管理、收益分配管理等六个方面；财务管理的专题内容，即预算管理和财务分析。该课程有助于大学生掌握财务管理的基本思维与运算方法，具备财务管理的基本技能，培养大学生经世济民的职业道德素养。

（5）管理会计

该课程是会计信息管理专业的专业核心课程，也是 1+X 数字化管理会计证书的核心课程。旨在使大学生掌握数字化管理会计的基本知识和基本理论。课程内容包括现代管理会计的形成与发展、本量利分析及变动成本计算法、决策与计划会计、执行会计、国际管理会计等。该课程有助于大学生掌握管理会计的基本方法和基本理论，能根据现代企业制度，将企业发送的经济业务信息进行整理，并进一步加工和运用企业内部信息，预测经济前景、参与经营决策、规划经营方针、控制经营过程和考评责任业绩等；有助于大学生在生活中树立"本量利"的思维模式，深入理解付出与收获的关系。

（6）成本会计

该课程是会计信息管理专业的专业核心课程。该课程主要阐述产品成本核算的概念、产品成本构成要素的归集与分配、产品与产成品成本核算、产品成本计算方法、产品成本计算的品种法、产品成本计算的分批法、产品成本计算的分步法、产品成本计算的分类法、产品成本计算的定额法、成本报表、成本分析等内容。课程主要采用讲授、案例分析及上机实训等教学方法，旨在培养大学生学会编制与审核产品生产过程中的相关单据、编制凭证与账簿，能够正确地计算产品的成本并编制成本报表，能对成本完成情况进行分析并提出报告。该课程培养了大学生成本核算与管理的职业素质和能力，加强了大学生的职业道德教育，提升了大学生的职业能力和素养。

(7) 财务共享

该课程是会计信息管理专业的专业核心课程。该课程以财务共享服务中心的日常财税业务智能处理为业务情境,包含智能财务共享中心、智能财务机器人、智能税务、职业技能等级测评四大实训模块。各个模块提供多个不同行业的实训案例,包括财务共享中心智能核算全流程的账务处理,财务共享票据中心多维度票据练习,财务机器人智能识别全流程的账务处理,小规模纳税人、一般纳税人企业纳税申报案例,配套财务共享职业技能测评的综合试卷。该课程全面考核大学生实务业务的判断、财税核算、服务办理和智能技术应用的能力,培养面向新时代会计岗位需要的高素质技术技能人才。

(8) 业财一体信息化

该课程是与会计信息管理专业核心课程会计信息系统应用配套的实践教学课程。主要研究信息技术在会计实务中的具体应用及对会计理论研究的影响,该课程的学习,有助于大学生深入掌握会计信息化的基础理论知识、系统操作原理,熟练掌握会计信息化系统应用技术,为成为高级的会计信息系统管理的实施人员奠定基础;有助于培养大学生在信息化条件下的会计实务与财务管理能力,以及敬业、责任、协作、创新的职业素养,培养大学生能快速适应不同业态企业信息化条件下的会计工作的能力。

4. 专业拓展(实践)课

(1) 财务大数据与商业智能

该课程是会计信息管理专业的专业拓展(实践)课程。课程以微软商业智能数据分析软件 Power BI 为平台,依托企业的业务数据,以数据获取与整理、数据建模、报表可视化及其发布与共享为主线,通过详细的操作步骤解读 Power BI 的核心功能,运用图形化工具界面,轻松完成大数据处理与可视化交互分析,提高大学生的数据分析能力和解决问题的能力。该课程培养了大学生智能数据分析的职业素质和能力,加强大学生的职业道德教育,提升大学生的职业能力和素养。

(2) 财务大数据基础

该课程是会计信息管理专业的专业拓展课程。基于企业真实场景的实战训练,培养大学生对于数字化分析的应用能力。同时帮助大学生了解最新的大数据技术,掌握基本的数据采集、数据建模、可视化分析等基本应用,理解企业智能决策背后的逻辑,培养大学生的技术思维、数字素养以及快速建模、助力企业实时分析的能力。该课程的学习使大学生能在财务大数据的各模块典型业务场景中,掌握如何进行大数据分析来支持企业经营预测和管理决策,提升管理效能,让大学生能够了解企业的财务报表分析,为以后培养战略性思维打下基础。

(3) 财务大数据分析

该课程是会计信息管理专业的专业拓展(实践)课程。财务大数据分析以会计核算和报表资料及其他相关资料为依据,采用一系列专门的分析技术和方法,对企业等经济组织过去和现在有关筹资活动、投资活动、经营活动、分配活动的盈利能力、营运能力、偿债能力和增长能力状况等进行分析与评价的经济管理活动。它是为企业的投资者、债权人、经营者及其他关心企业的组织或个人了解企业过去、评价企业现状、预测企业未来做出正确决策提供准确信息或依据的经济应用学科。该课程主要讲授财务大数据的概念、方法和运用方面的知识,从管理、技术和实践应用等角度,培养大学生利用大规模数据进行信息分析、获取知识、支持管理决策的能力。该课程培养的是具有扎实的财务基础、良好的政治思想素质与职业道德素养,以及较强的发展潜力和创新意识,能够适应社会主义市场经济建设的需要,具备大数据思维,能熟练掌握计算机理论和大数据处理技术,能运用大数据思维及分析应用技术,具备数据管理、数据分析与挖掘等能力的复合型、应用型高层次人才。

(4) 会计综合实训

该课程是会计信息管理专业的专业拓展(实践)课程。旨在使大学生掌握会计综合实务操作的基本方法与流程。课程内容以真实的企业业务数据为基础,包括企业架构、各个会计循环业务、原始凭证、记账凭证、账簿填写等方面,以真实的企业为载体,让大学生身临其境地进行会计实训。通过该课程的实训,大学生能够系统、全面地掌握会计业务的基本程序及具体方法;可加强大学生对会计基本理论的理解,把握会计核算方法的运用和会计核算流程,将会计基础知识和会计实务操作有机地结合在一起;可对大学生所学的会计专业知识以及会计操作技能进行综合训练,为大学生将来从事会计岗位工作打下坚实的基础;使大学生认识到会计在整个社会经济中的地位,培养大学生认识世界、改造世界的素养。

(5) 证券投资实务

该课程是会计信息管理专业的专业拓展(实践)课程。该课程旨在培养大学生全面了解证券投资及证券市场的基础概念,掌握证券投资分析的基本方法和技巧,熟悉证券市场监管与法律实务,掌握证券投资分析能力与证券操作技巧。主要内容包括证券投资工具、证券投资分析(宏观分析、行业分析、公司分析)、证券投资技术与方法等基础知识。通过该课程的学习,帮助大学生树立正确的价值观,以及具备证券从业的职业素养。该课程采用启发式、探究式、讨论式、参与式等教学方法。

(6) Excel 在会计中的应用

该课程是会计信息管理专业的专业拓展(实践)课程。课程的主要内容包括 Excel 基础知识、会计凭证的制作、日记账管理系统的建立、薪酬管理系统的建立、固定资产管理系统的建立、往来账款管理系统的建立、成本核算系统的建立、会计报表的编制等。课程主要采用讲授、案例分析及分组实训等教学方法,旨在培养大学生熟练掌握 Excel 并进行数据分析的能力,为大学生毕业后与工作岗位无缝衔接打下坚实的基础。通过该课程的学习,培养大学生对 Excel 软件的掌握能力,更好地掌握会计行业最常用的工具,了解行业文化。

(7) 企业管理

该课程为会计信息管理专业的专业拓展(实践)课程。旨在培养大学生管理学的基本原理和管理学的基本职能等知识,让大学生可以掌握管理的一般原理,并对企业管理有概要性的了解。主要内容包括管理学的形成与发展、现代管理理论流派、组织环境、社会责任与管理道德、计划工作、组织工作、人事工作、领导工作和控制工作,以及企业的战略管理、人力资源管理、生产管理、物流管理、营销管理、财务管理、信息管理等。该课程采用启发式、探究式、讨论式、参与式等教学方法。该课程有助于培养大学生的管理学基础职业素质和能力,加强大学生的职业道德教育,提升大学生的职业道德和职业素养。

3.8.2 学时安排

总学时一般不少于 2500 学时,每 18 学时折算为 1 学分。其中,公共基础课程总学时一般不少于总学时的 25%。实践性教学学时原则上不少于总学时的 50%。实践供教学中顶岗实习累计时间一般为 6 个月,各学校可根据实际情况集中或分阶段安排实习时间。各类选修课程学时累计不少于总学时的 10%。

3.9 教学学时分配及进程

会计信息管理专业教学学时分配及进程可参照表 3.3～表 3.6,各学校可根据本校的实际情况,适当调整或增加本校特色课程。

会计信息管理专业教学中,公共基础课程教学进程安排见表 3.3 所示。

表 3.3　会计信息管理专业公共基础课程教学进程安排表

课程类别	课程性质	课程名称	考核方式	学分	总学时	理论	实践	一	二	三	四	五	六
公共课	公共基础课	思想道德与法治	试	3	48	40	8	3					
		毛泽东思想和中国特色社会主义理论体系概论	试	4	72	60	12		4				
		形势与政策	查	1	48	36	12	每学期开设 8 课时					
		党史国史	查	2	36	30	6		2				
		军事理论	试	1	18	18	0						
		军事技能	试	2	112	0	112	2 周					
		心理健康教育	查	2	32	24	8	第一学期开设 12 课时,第二学期开设 20 课时					
		职业发展与就业指导	查	4	76	44	32	每学期开设 18 课时,其中:10 课时理论,8 课时实践				讲座 4 课时	
		高等数学	试	8	136	136	0			4	4		
		英语	试	8	136	100	36	4	4				
		信息技术基础	试	4	64	32	32	4					
		体育	查	4	68	4	64	2	2				
		大学语文	查	2	36	18	18				2		
		中华优秀传统文化	查	1	18	9	9					1	
		劳动教育	查	1	16	12	4	大一每学期开设 8 课时,其中 6 课时理论,2 课时实践;大一大二每学期的第 12、13 周为学院劳动周					
		大学生国家安全教育	查	1	18	9	9	1					
		大学生创新基础	查	1	18	9	9			1			
		大学生防艾健康教育	查	1	18	9	9				1		
		大学生创业教育	查	1	18	9	9					1	

会计信息管理专业教学中,专业基础课程教学进程安排见表3.4。

表3.4 会计信息管理专业专业基础课程教学进程安排表

课程类别	课程性质	课程名称	考核方式	学分	总学时	理论	实践	学期、周学时及周数分配					
								一	二	三	四	五	六
专业技能课	专业课基础课	基础会计	试	6	96	64	32	6					
		经济法基础	试	4	64	32	32	4					
		统计基础	试	2	36	36	0					2	
		金融基础	试	4	72	36	36				4		
		出纳实务	试	2	32	0	32	2					
		审计基础	试	3	54	36	18					3	

会计信息管理专业教学中,专业核心课程教学进程安排见表3.5。

表3.5 会计信息管理专业专业核心课程教学进程安排表

课程类别	课程性质	课程名称	考核方式	学分	总学时	理论	实践	学期、周学时及周数分配					
								一	二	三	四	五	六
课程类别	专业核心课	初级会计实务	试	6	108	72	36		6				
		财务共享	试	6	108	36	72			6			
		会计信息系统应用	试	4	72	36	36			4			
		业财一体信息化	试	2	36	18	18				2		
		财务管理	试	6	108	54	54				6		
		管理会计	试	4	72	54	18				4		
		成本会计	试	4	72	54	18		4				
		纳税实务	试	4	72	36	36		4				

会计信息管理专业教学中,专业拓展课程教学进程安排见表3.6。

表 3.6　会计信息管理专业专业拓展课程教学进程安排表

课程类别	课程性质	课程名称	考核方式	学分	总学时	理论	实践	一	二	三	四	五	六
课程类别	专业拓展（实践）课	财务大数据基础	试	4	72	36	36				4		岗位实习（综合实训）
		财务大数据分析	查	4	72	0	72					4	
		会计综合实训	查	4	72	0	72				4		
		证券投资实务	查	4	72	36	36			4			
		财务大数据分析	查	4	72	0	72					4	
		Excel在会计中的应用	查	3	54	18	36		3				
		企业管理	查	3	54	36	18					3	
		岗位实习（综合实训）	查	30	540	0	540	第 6 学期由指导教师安排完成					

第 4 章 专业人才培养保障

专业人才培养保障主要包括师资队伍、教学设施、教学资源、教学方法、学习评价、质量管理等方面。

4.1 师资队伍

教师队伍建设作为专业人才培养的基础性工作,支撑着职业教育的改革发展,学校应加强师德师风建设,要突出"双师型"教师个体成长和"双师型"教学团队建设相结合,提高教师教育教学能力和专业实践能力,优化专兼职教师队伍结构,大力提升职业院校"双师型"教师队伍建设水平,建立建成一支师德高尚、技艺精湛、专兼结合、充满活力的高素质"双师型"教师队伍,为培养大批高素质技术技能人才提供有力的师资保障。

队伍结构一般为大学生数与本专业专任教师数比例不高于25∶1,双师素质教师占专业教师比一般不低于60%。专任教师队伍还要考虑职称、年龄,形成合理的梯队结构。

4.1.1 校内教师任职资格

校内教师要求具有高校教师资格和本专业领域有关证书;有理想信念、有道德情操、有扎实学识;具有会计相关专业本科及以上学历;具有扎实的本专业相关理论功底和实践能力等。具体有以下几条:

(1) 具有相关专业大学本科及以上学历;

(2) 具有高校教师资格证书,中级及以上职业资格证书或相应技术职称;

(3) 具有良好思想道德品德修养,遵守职业道德,为人师表,有仁爱之心;

(4) 具备会计信息管理专业教学需要的扎实的专业知识和专业实践技能,能在教学灵活运用；

（5）具备较强的信息化教学能力，能够开展课程教学改革和科学研究；

（6）熟悉所任教专业与对应的产业、行业、企业、职业（岗位）、就业的相互依联程度，熟悉本行业的技术生产情况及发展趋势，能及时将企业会计实务和企业管理新理念补充进课程，具有每 5 年累计不少于 6 个月的企业实践经历。

4.1.2 校外教师的任职资格

校外教师主要从相关行业企业聘任，应具备良好的思想政治素质、职业道德和工匠精神；具有扎实的专业知识和丰富的实际工作经验；具有会计师以上相关专业技术职称，能承担专业课程教学、实习实训指导和大学生职业发展规划指导等教学任务。具体有以下几条要求：

（1）兄弟院校的教师资格要求同校内教师；

（2）校外行业企业的专业技术人员要求具备中级以上职称；

（3）校外行业企业管理人员要求具有 5 年以上信息管理的相关工作经验；

（4）行业、企业技能比赛的优胜选手可作为兼职技能课教师，不受学历和经验限制；

（5）在读硕士或博士研究生来我校会计信息管理专业授课，必须是经济类或管理类等相关专业方向，优先聘有行业工作经历、有相关职业资格证书的在读研究生；

（6）符合学校人事和教学管理部门规定的其他条件。

4.1.3 专业教学团队要求

专业带头人原则上应具有副高及以上职称，能够较好地把握国内外行业、专业发展，能广泛联系行业企业，了解行业企业对本专业人才的需求实际，教学设计、专业研究能力强，组织开展教科研工作能力强，在本区域或本领域具有一定的专业影响力。专业教学团队的具体要求如下：

（1）有双专业带头人，其中 1 人应为来自行业企业的专业技术人员或专家，且具有相应高级职称；

（2）每门课程都有讲师及以上职称的教师担任课程负责人；

（3）专业教师数量和结构能满足专业办学规模，其中，实践教学中来自企业一线的兼职教师应占专业教师总数的 50%，对专兼职教师数量、结构、素质等设定有关要求。

4.2 教学设施

主要包括能够满足正常的课程教学、实习实训所必需的专业教室、实训室和实训基地。

4.2.1 专业教室基本要求

一般配备黑(白)板、多媒体计算机、投影设备、音响设备,互联网接入或 Wi-Fi 环境,并具有网络安全防护措施。安装应急照明装置并保持良好的状态,符合紧急疏散要求、标志明显、保持逃生通道畅通无阻。

4.2.2 校内实训室基本要求

4.2.2.1 会计基本技能实训室

配备实训工作台、计算机(安装教学管理系统)、投影设备和音响设备、点钞和捆钞机、凭证装订机;练功券、捆钞纸、书写纸、文件柜以及相关实训用资料和工具;互联网接入或 Wi-Fi 环境。支持分班进行点钞捆钞、凭证整理与装订、小键盘录入、会计书写、办公软件应用等会计基本技能实训。

4.2.2.2 会计岗位实训室

营造仿真企业财务室工作环境,配备隔断式工位台、计算机(安装教学管理系统以及相关实训系统)、凭证装订机、打印机、投影设备和音响设备;文件柜以及相关实训用资料和工具;互联网接入或 Wi-Fi 环境。支持会计岗位手工实训和信息化实训。

4.2.2.3 ERP 沙盘实训室

配置实训工作台、计算机(安装教学管理系统以及相关的 ERP 实训软件)、投影设备和音响设备;文件柜以及相关实训用资料和工具;互联网接入或 Wi-Fi 环境。支持模拟企业经营实训。

4.2.2.3 会计综合实训室

配置实训工作台、计算机(安装教学管理系统以及会计综合实训软件)、投影设备和音响设备；文件柜以及相关实训用资料和工具；互联网接入或Wi-Fi环境。支持财务会计基础、管理会计、出纳实务、初级会计实务、财务共享、纳税实务、成本会计、会计信息系统应用、财务管理、财务大数据分析、业财一体信息化、财务大数据与商业智能等专业课程实训。

4.2.3 校外实训基地基本要求

具有稳定的校外实训基地；能够提供开展会计专业相关的实训活动，实训设施齐备，实训岗位、实训指导教师确定，实训管理及实施规章制度齐全。

4.2.4 大学生实习基地基本要求

具有稳定的校外实习基地；能提供会计核算、会计监督等相关实习岗位；能涵盖当前会计专业的主流实务，可接纳一定规模的大学生实习；能够配备相应数量的指导教师对大学生实习进行指导和管理；有保证实习生日常工作、学习、生活的规章制度，有安全、保险保障。

4.2.5 支持信息化教学基本要求

具有利用数字化教学资源库、文献资料、常见问题解答等的信息化条件；引导、鼓励教师开发并利用信息化教学资源、教学平台，创新教学方法，提升教学效果。

4.3 教学资源

人才培养方案的实施必须要做好教学资源的配套工作。教学资源主要包括能够满足大学生学习、教师教学和科研等需要的教材、图书资料以及数字资源等。

4.3.1 教材选用基本要求

按照国家规定选用优质教材,禁止不合格的教材进入课堂。学校应建立由专业教师、行业专家和教研人员等参与的教材选用机构,完善教材选用制度,经过规范程序择优选用教材。

(1) 必须选用国家统编的思想政治理论课教材、马克思主义理论研究和建设工程重点教材。

(2) 学院专业核心课程和学院公共基础课程教材原则上从国家和省级教育行政部门发布的规划教材目录中选用。

(3) 国家和省级规划目录中没有的教材,可在职业院校教材信息库选用,优先选用近几年省级及以上优秀获奖教材。

(4) 优先使用经审核批准的,除(1)(2)(3)外的学院学科专业团队和个人编写的反映自身特色的校本教材,或校企合作共同开发的"双元"教材。

(5) 不得以岗位培训教材取代专业课程教材。

(6) 选用的教材必须是通过审核的版本,擅自更改内容的教材不得选用,未按照规定程序取得审核认定意见的教材不得选用;不得选用盗版、盗印教材。若选用盗版、盗印教材,将按照教材订购合同追究教材采购公司的相关责任。图书文献:学院有图书馆和阅览室,里面有大量的藏书可供借阅。

4.3.2 图书文献配备基本要求

图书文献配备能满足人才培养、专业建设、教科研等工作的需要,方便师生查询、借阅。专业类图书文献包括有关财会专业理论、技术、方法、思维以及实务操作类的图书。

4.3.3 数字教学资源配备基本要求

建设、配备与本专业有关的音视频素材、教学课件、数字化教学案例库、虚拟仿真软件、数字教材等专业教学资源库,应种类丰富、形式多样、使用便捷、动态更新,能满足教学要求。

4.4 教学方法

教师、教材、教法"三教"改革是加强学校内涵建设的关键,其中教师是教学改革的主体,教材是课程建设与教学内容改革的载体,教学方法是改革的路径。传统的课堂教学模式有讲授法、演示法、问答法、讨论式教学法、目标教学法、启发式教学法、问题教学法、发现式教学法等。

建议深化产教融合、校企合作,推行面向企业真实生产环境的任务式教学模式,广泛采用项目制、情景式教学、任务驱动教学,深化校企联合培养,才能做到真正意义上的教学方法的改革。

4.5 学习评价

4.5.1 校内学习

校内学习分为考查课与考试课。考查课,视具体课程,教师结合平时的到课率、作业完成情况、认真程度和期末考试成绩等因素综合评分。一般情况下,平时成绩和期末考试成绩各占50%。考试课,教师结合平时的到堂率、作业完成情况、认真程度和期末考试成绩等因素综合评分,平时成绩和期末考试成绩分别按30%和70%折合,计算总评成绩。

4.5.2 校外实习

职业院校大学生实习,是指实施全日制学历教育的中职学校、高职专科学校、高职本科学校大学生按照专业培养目标要求和人才培养方案安排,由职业院校安排或者经职业院校批准自行到企(事)业等单位进行职业道德和技术技能培养的实践性教育教学活动,包括认识实习和岗位实习。

认识实习指大学生由职业院校组织到实习单位参观、观摩和体验,形成对实习单位和相关岗位的初步认识的活动。认识实习按照一般校外活动的有关规定进行管理,由职业院校安排,大学生不得自行选择。认识实习评价由实习指导教师根据大学生的实习情况直接认定。

岗位实习指具备一定实践岗位工作能力的大学生,在专业人员的指导下,辅助或相对独立参与实际工作的活动。职业院校安排岗位实习,选择符合条件的企(事)业单位作为实习单位,同时应当取得大学生及其法定监护人(或家长)签字的知情同意书。大学生也可以自行选择符合条件的岗位实习单位,或者选择建在校内或园区的生产性实训基地、厂中校、校中厂、虚拟仿真实训基地等进行岗位实习。

大学生的岗位实习时间依据专业人才培养方案安排,一般为 6 个月。岗位实习评价可实行过程性考核与结果性考核有机结合的实习考核方式。过程性考核主要包括:学院指导教师与实习大学生通过实习管理平台联系,也可通过电话、电子邮件或其他现代通信手段保持联系,每周至少联系 1 次,并及时保留联系记录,同时通过定期或不定期对大学生的实习情况进行巡查,并填写大学生实习巡查记录表和巡查总结表。结果性考核主要包括实习材料(纸质材料和电子文档),具体包括以下内容:① 实习三方协议;② 实习方案;③ 大学生实习报告;④ 大学生实习考核结果;⑤ 学生实习日志;⑥ 实习检查记录;⑦ 大学生实习总结;⑧ 有关佐证材料(如照片、音视频等)等。

4.5.3　实习考核与评价

大学生在实习期间接受学院和实习单位的双重考核,校企双方共同完成对大学生的考核与评价。实习单位指导教师考核与评价大学生实习期间的表现(包括专业能力、方法能力、社会能力等方面),考核成绩占实习总成绩的 50%。学院指导教师对大学生的考核,专业指导教师根据大学生的实习表现(包括实习态度、遵守实习纪律等),实习报告、实习日志等完成情况对大学生进行成绩评定,考核成绩占实习总成绩的 50%。考核等次分为五个等级:90～100 分为优秀;80～89 分为良好;70～79 分为中等;60～69 分为合格;59 分(含 59 分)以下为不合格。大学生实习考核不合格者须补考(重新撰写合格的实习报告等材料),合格后方可毕业。

指导教师根据实习单位指导教师评定的大学生实习成绩、大学生实习完成情况以及巡视检查过程中的评价情况等,评定大学生实习成绩,并录入学院管理系统中。

4.6 质量管理

为了保障会计信息管理专业人才培养质量,学院应建立专业人才培养质量监控体系,健全专业教学质量监控管理制度,完善课堂教学、教学评价、实习实训、毕业设计以及专业调研、人才培养方案更新、资源建设等方面质量标准建设,通过教学实施、过程监控、质量评价和持续改进,达成人才培养规格。

4.6.1 质量监测

学院对标国家级专业建设标准建立会计信息管理专业建设标准一级、二级监测指标,并设定专业主要观测要素及相应的评分标准。一级、二级指标主要内容见表4.1。

表 4.1 会计信息管理专业建设标准监测指标

一级指标	二级指标	总分
1. 专业定位与特色	(1) 专业定位	5
	(2) 专业特色	5
2. 师资结构与水平	(3) 生师比	2
	(4) 教学团队	8
	(5) 教学名师	6
3. 培养方案与课程建设	(6) 培养目标	6
	(7) 课程设置	3
	(8) 实践教学	3
	(9) 课程建设	6
	(10) 人才培养方案制定程序	2
4. 教学质量与教学成果	(11) 技能大赛	3
	(12) 教师获奖	6
	(13) 升学率	6
	(14) 岗课赛证	4
	(15) 教学成果	5

续表

一级指标	二级指标	总分
5. 实践教学与校企合作	（16）教学条件	5
	（17）实践教学管理	6
	（18）产教融合校企合作	5
	（19）生均仪器值	3
6. 服务能力与国际交流	（20）服务行业企业	4
	（21）服务产业	5
	（22）中外合作	1
	（23）国际交流	1

其中专业二级监测指标主要观测要素的具体内容如下。

（1）专业定位：专业设置与地方产业结构相匹配，能随产业升级和新兴产业动态调整专业和改造传统专业，适应产业变革和新经济发展，形成特色鲜明的专业供给。

监测点：

① 制定专业发展规划，并和学校规划目标一致。

② 专业与区域重点产业匹配情况（重点产业、支柱产业等）。服务支撑安徽省"三地一区"需要。

（2）专业特色：专业特色鲜明，发展优势明显，能服务区域经济转型、产业升级需求。

监测点：

① 专业年招生规模，当年专业实际录取人数。

② 国家级、省级重点建设专业，包括创新发展行动计划骨干专业、省级及以上示范专业、专业综合改革试点专业、特色专业、央财支持建设专业（实训基地、专业服务产业能力提升）等已经被认定或立项建设的各类专业。

③ 主持（含联合）国家级职业教育专业教学资源库项目。

（3）师生比：师生比要设置合理。所依托专业的专任教师与该专业全日制在校生人数之比不低于1∶20。

监测点：师生比不少于1∶20。

（4）教学团队：专业教学团队结构合理。专兼结合的教师教学团队水平高，并相对稳定；团队中具有3年以上企业工作经历，或近5年累计不低于6个月到企业或生产服务一线实践经历的"双师型"教师；具有一定数量的高级职称专任教师；行业企业兼职教师承担一定量的专业课教学任务授课课时；具有一定数量的博士研究生学位专任教师。

监测点：

① 骨干教师≥10人。

② "双师型"教师占比≥85％。

③ 高级职称专任教师比例≥30％。

④ 行业企业兼职教师≥5人，承担专业课课时占比专业课总课时≥20％。

⑤ 专任教师博士研究生学位占比≥15％。

（5）教学名师：有省级及以上教育行政部门等认定的高水平教师教学（科研）创新团队，有省级及以上教学名师、高层次人才担任专业带头人，近5年内在职在岗教师（教师团队）获得省级以上奖励或荣誉。

监测点：

① 省级以上各类教学名师、创新教学团队、教坛新秀≥1个。

② 高水平专业带头人≥2个。

③ 近5年内在职在岗教师（教师团队）获得国家级奖励或荣誉（含创新教学团队、教学能力大赛获奖等）≥1项。

（6）培养目标：科学合理确定专业培养目标。落实立德树人根本任务，积极构建"思政课程＋课程思政"大格局，持续深化"三全育人"综合改革，推动课程思政建设；加强劳动教育；制定专业建设方案，校企共同制定人才培养方案。

监测点：

① 按照要求开足开齐思想政治课程。

② 专业课程获省级及以上"课程思政"示范课程或课程思政典型案例等项目≥2项。

③ 劳动教育课程教学学时≥1学分。

④ 开设美育教育课程或讲座。

⑤ 制定专业建设方案，人才培养方案经过企业参与论证。

（7）课程设置：严格按照国家有关规定开齐开足公共基础课程，科学设置专业（技能）课程，学时安排合理。

监测点：

① 学时总数≥2500学时。

② 公共基础课程学时占比≥25％。

③ 选修课学时占比≥10％。

（8）实践教学：加强实践性教学，积极推行认识实习、岗位实习等多种实习方式,强化以育人为目标的实习实训考核评价。

监测点:

① 实践教学课时占总课时的比例≥50%。

② 实验实训项目(任务)开出率达到100%。

③ 岗位实习时间一般为6个月。

(9) 课程建设:根据专业人才培养方案总体要求,制(修)订专业课程标准,明确课程目标,优化课程内容,规范教学过程,及时将新技术、新工艺、新规范纳入课程标准和教学内容;课程资源配备丰富,能够为大学生在线学习提供有效支持;教材建设、管理和选用制度完善。

监测点:

① 课程建设方案和年度建设计划完备。

② 有国家精品在线开放课程或省级精品在线开放课程等。

③ 近3年校企双元开发职业教育规划教材或主编(参编)国家级规划教材≥1本。

(10) 人才培养方案制定程序:专业人才培养方案制定程序规范;通过学校网站等主动向社会公开,接受社会监督。

监测点:

① 人才培养方案制定审批材料是否完备。

② 建立人才培养方案公开制度。

(11) 技能大赛:本专业大学生参加各级、各类职业技能大赛,近3年取得省级以上成绩。

监测点:获得全国赛事三等奖(含)以上奖励≥3项。

(12) 教师获奖:深化"三教"改革,团队教师教学能力普遍提高,教学质量考核成绩优异;教师积极参加专业技能和教学能力大赛,近5年有本专业教师获得省级以上竞赛奖励。

监测点:

① 专业团队教师教学质量测评获得"优秀"等次年平均≥25%。

② 近5年专任教师在省级以上教学能力大赛中获奖数≥3项。

(13) 升学率:落实纵向贯通人才培养,积极拓宽大学生发展通道,本专业大学生积极参加专升本考试,并被本科院校录取。

监测点:

① 本专业大学生参加专升本考试人数占比本专业应届毕业生总数≥70%。

② 参加考试的应届毕业生当年被本科院校正式录取占比参考人数≥80%。

(14) 岗课赛证:落实横向融通人才培养,积极开展1+X证书考证,实施书证融通、课证融通,毕业生同时获得毕业证书和本专业核心技能的X证书。

监测点:

① 应届毕业生学历证书获取率≥98%。

② 应届毕业生X证书获取率≥80%。

(15) 教学成果:教学成效突出,近5年本专业教师团队获得过教学成果奖或省级以上教学改革优秀案例。

监测点:

① 获国家级或省级教学成果。

② 有案例被遴选以上课程思政、技能大赛、教师教书育人等优秀典型案例。

(16) 教学条件:校内实践教学基地设施先进,现代技术含量高,具有融实训、培训、技能鉴定于一体的生产性实训基地,能满足大学生职业技能和综合实践能力训练需要;具有较稳定的能满足大学生实训要求的校外实习实训基地,企业指导人员指导效果好。

监测点:

① 本专业校内实训基地≥3个。

② 本专业校外实习实训基地≥5个。

③ 本专业校企共建共享生产性实训基地≥1个。

(17) 实践教学管理:实践教学项目设计科学,凸显大学生职业精神和综合素质的培养;毕业设计、顶岗(跟岗)实习、实训基地管理制度完善,运行良好,教学仪器设备利用率高。

监测点:

① 实践教学和实训室管理制度。

② 实践教学相关标准(大纲)、实训指导手册完备。

③ 实训室利用率≥80%。

(18) 产教融合校企合作:校企合作全面深入,产教深度融合,形成以知名行业、企业为依托的校企合作长效机制;共同开发专业标准、课程标准、人才培养标准和教材,开展订单联合培养、中国特色学徒制培养等;联合建设示范性职工培训基地、高水平专业化产教融合实训基地。

监测点:

① 校企共同开发专业建设标准。

② 校企共同开发课程标准≥3个。

③ 校企联合开展订单联合培养、中国特色学徒制培养等,联合建设示范性职

工培训基地、高水平专业化产教融合实训基地数量≥2个。

(19) 生均仪器值：加强实训室建设，实践教学经费投入保障有力。

监测点：实践教学经费，财经商贸类等专业生均教学科研仪器设备值≥0.8万元；电子信息或土建工程等工科类专业生均教学科研仪器设备值≥1万元。

(20) 服务行业企业：专业有较高的培养质量基础和良好的社会声誉，生源质量高，社会声誉好，专业就业稳定，招生计划完成率、就业率较高，用人单位对大学生满意度和大学生就业满意度高。

监测点：

① 所依托专业招生计划完成率一般≥95%。

② 所依托专业应届毕业生就业率位于学校前20%。

③ 用人单位对大学生满意度和大学生就业满意度在学校各专业中排名前列。

④ 专业面向行业企业和社会开展职业培训人次每年≥本专业在校生人数的2倍。

(21) 服务产业：依托专业资源，积极开展科学研究、服务企业的技术研发和产品升级，解决生产一线技术或工艺实际问题，形成技术技能特色优势。

监测点：

① 近5年累计立项厅级及以上科研项目≥20项。

② 近5年横向技术服务与培训年均到账经费≥20万元。

③ 年均授权专利数≥2个，有技术成果转化。

④ 本专业专任教师年平均教科研论文发表≥3篇。

(22) 中外合作：在教学标准开发、课程建设、大学生培养等方面与职业教育发达国家开展交流合作，学习和引进国(境)外优质教学资源，将国际通行的职业资格标准融入教学内容；有"鲁班工坊""中文＋职业技能项目"等中外合作办学项目在运行。

监测点：

① 有引进或输出各类教学标准和教学资源，相关标准和资源得到有效应用。

② 中外合作办学项目≥1项。

(23) 国际交流：统筹利用资源，实施"职业院校教师教学创新团队境外培训计划"，选派专业带头人和骨干教师研修访学；或有在校生赴国(境)外交流。

监测点：

① 近3年有专任教师赴国(境)外访学≥1人。

② 在校生赴国(境)外交流≥1个。

专业和二级院系应建立专业建设和教学质量诊断与改进机制，健全专业教学质量监控管理制度,完善课堂教学、教学评价、实习实训、毕业设计以及专业调研、人才培养方案更新、资源建设等方面质量标准建设,通过教学实施、过程监控、质量评价和持续改进,达成人才培养规格。

4.6.2 专业建设举措

学院应完善教学管理机制,加强日常教学组织运行与管理,定期开展课程建设水平和教学质量诊断与改进,建立健全巡课、听课、评教、评学等制度,建立与企业联动的实践教学环节督导制度,严明教学纪律,强化教学组织功能,定期开展公开课、示范课等教研活动。学院建立毕业生跟踪反馈机制及社会评价机制,并对生源情况、在校生学业水平、毕业生就业情况等进行分析,定期评价人才培养质量和培养目标达成情况。专业教研组织应充分利用评价分析结果,有效改进专业教学,持续提高人才培养质量。

会计信息管理专业应对照上述专业监测指标,以技能型高水平大学建设为依托,加快专业建设工作。

1. 实行专业升级

围绕地方经济社会发展和产业升级需求,根据《职业教育专业目录(2021年)》,健全对接产业、动态调整、协同发展、自我完善的专业群建设发展机制,将会计信息管理专业建成为省级或国家级重点专业。

2. 促进产教融合发展

推进课程改革,持续推进"产教融合""工学结合""基于职业岗位工作过程"的课程体系改革,按照大学生职业发展规律所需的专业知识与技能,建立满足岗位技能要求的课程教学体系。初步形成具有鲜明特色的"教""学""做"三者有机结合的专业知识、专业技能与职业综合素质培养的教育教学思路。

3. 落实"三教"改革工程

改进教学思路,实施"三教"改革工程,持续推进教师、教材、教法的改革,提升人才培养的适应性与针对性。培育和传承工匠精神,引导大学生养成严谨专注、敬业专业、精益求精和追求卓越的品质。坚持工学结合、知行合一,加强大学生认知能力、合作能力、创新能力和职业能力培养。深化复合型技术技能人才培养培训模式改革,推进1+X证书制度试点,实施"岗、课、赛、证"综合育人,推进学分银行,全面提升人才培养质量。

4. 建成双师型队伍

(1) 适应发展目标,建成师德高尚、技艺精湛、专兼结合、充满活力的高素质"双师型"教师队伍。组建高水平、结构化教师教学创新团队,教师分工协作进行模块化教学。

(2) 校企合力培育一批研究方向稳定、梯队合理、具有较高科研水平,兼具人才培养、企业诊断、产品研发、技术推广、政策咨询功能的应用型技术技能团队。

5. 强化专业课程建设

通过标准化建设提高基层教学组织的活力,规范教学管理,提高教学水平,保证教学质量。力争将专业核心课程建成教学示范课或精品课程,提升教育教学水平。

6. 提升人才培养质量

打造培养高地,落实立德树人的根本任务,深入推进习近平新时代中国特色社会主义思想进教材进课堂进头脑,大力开展理想信念教育和社会主义核心价值观教育,构建全员全过程全方位育人的思想政治工作格局。创新学院思想政治教育模式,实施大学生成长工程,提升大学生思想道德修养和技术技能水平。弘扬中华美育精神,以美育人、以美化人、以美养人。把准劳动教育价值取向,教育大学生树立正确的劳动观,崇尚劳动、尊重劳动,增强对劳动人民的感情,报效国家,奉献社会。

第5章 会计信息管理专业课程标准

课程教学作为高职院校人才培养的关键环节,其目标的实现是高职院校人才培养目标实现的基本保证,直接影响着人才培养的质量。专业和课程建设的根本指向是培养何种类型和规格的人才,以及如何快速、有效地培养既定品质的人才。高职院校应结合会计信息管理专业的实际情况,通过课程建设提高教育教学的质量,并围绕课程建设制定相应的课程标准。会计信息管理专业课程标准指导思想:以立德树人为根本,以服务发展为宗旨,以促进就业为导向,以增强大学生就业创业能力为核心,坚持走内涵式发展道路,完善产教融合、协同育人机制,创新人才培养模式,优化课程体系,丰富课程资源,强化教材建设,深化课程教学改革,推进教育教学模式、方法创新,健全教学质量管理和保障制度,全面提升人才培养质量。

5.1 初级会计实务课程标准

5.1.1 课程性质与任务

1. 课程性质

本课程是会计信息管理专业的一门专业核心课程。其功能在于让大学生系统地认识会计六大要素的核算,使大学生具备在企业会计、银行会计等相关领域中进行主要经济业务核算的基本职业能力,并为后续学习专业课程做准备。

2. 课程任务

在"互联网"大背景下,云计算、大数据、移动计算等新技术不断涌现,社会整体信息化程度不断提高,信息技术和教育教学改革正在进行着深度融合。"十四五"期间,进一步深入推进教育综合改革,在更高层次上促进教育公平,全面提升教育质量。

初级会计实务课程本着"课、证、岗深度融合",将初级会计实务课程与初级会计师证书考试内容深度融合,同时与实际工作中的会计核算岗位工作内容有机融合。在提供初级会计师考试学习内容、训练库的同时,还要通过信息化手段,拓展教学时空,引领教学内容、方法和教学管理模式的改革,实现"人才综合能力提升"的目标建设。

5.1.2 学科核心素养与课程目标

1. 学科核心素养

学科核心素养是学科育人价值的集中体现,是大学生通过课程学习与实践所掌握的相关知识和技能,以及逐步形成的正确价值观、必备品格和关键能力。高等职业教育专科初级会计实务课程学科核心素养主要包括会计意识、财税思维、财务创新与发展、会计社会责任等四个方面。

2. 课程目标

通过本课程的学习,了解会计法规和企业会计准则的相关规定,能初步具备核算企业主要经济业务的职业能力,达到会计从业人员的相关要求,养成诚实守信、严谨细致的工作态度。在此基础上形成以下职业能力。

(1) 熟悉财务会计报告的构成、使用者及其目标;
(2) 熟悉会计假设和会计信息质量要求;
(3) 熟悉会计要素确认、计量的相关规定;
(4) 能够按照企业会计准则的相关要求进行相关资产核算;
(5) 能够使用指定的存货计价方法计算原材料发出和结存成本;
(6) 能够计算原材料计划成本差异率;
(7) 能够利用固定资产折旧方法,计算单项固定资产折旧;
(8) 能够按照企业会计准则的相关要求进行相关负债核算;
(9) 能够按照企业会计准则的相关要求进行所有者权益核算;
(10) 能够按照企业会计准则的相关要求进行收入费用的核算;
(11) 能够按照企业会计准则的相关要求进行利润的核算;

(12) 能够编制资产负债表和利润表;

(13) 了解现金流量表的结构和内容。

5.1.3 课程结构

根据高等职业教育专科初级会计实务课程目标,确定课程模块与学时安排。

1. 课程模块

本课程的总体设计思路是,以会计信息管理专业的职业能力分析和毕业生的就业发展为依据,确定课程目标,设计课程内容;以工作任务为线索,构建企业基本业务核算任务引领的、以会计核算基本职业能力为核心的任务引领型课程。

课程结构以企业会计要素的核算为主线,设计有会计核算基本准则概述、资产核算、负债核算、所有者权益核算、收入及费用核算、利润核算、主要会计报表编制、财务分析基础等八个工作任务。课程内容的选取,以共同具备的岗位职业能力为依据,紧紧围绕完成企业日常业务会计核算工作的需要,充分融合会计人员职业能力的基本要求。

每个工作任务的学习以企业日常会计业务为载体,将企业会计准则的相关要求和日常业务核算实践相结合,实现学、做一体,并通过情景模拟、实地调研、案例分析等活动,培养大学生企业会计核算技能。

2. 课程学时

本课程建议学时数为96~108。具体学时安排见表5.1。

表 5.1 初级会计实务学时安排表

序号	课程	学时
1	会计核算基本准则概述	96~108
2	流动资产核算	
3	非流动资产核算	
4	负债核算	
5	所有者权益核算	
6	收入及费用核算	
7	利润核算	
8	主要会计报表编制	
9	管理会计基础	

5.1.4 课程内容

初级会计实务课程内容见表 5.2。

表 5.2 初级会计实务课程内容表

序号	学习任务	课程内容和教学要求	活动设计
1	会计核算基本准则概述	1. 了解会计理论、会计准则与会计实务的关系； 2. 熟悉财务会计报告的构成、使用者和目标； 3. 熟悉会计假设； 4. 熟悉会计信息质量要求； 5. 熟悉会计要素的定义和确认标准； 6. 熟悉会计计量基础	会计报表解读 　提供资产负债表、利润表和现金流量表样张，围绕会计报表讲解财务会计报告的构成、使用者和目标，并熟悉会计假设、会计信息质量要求和会计要素确认标准
2	流动资产核算	1. 货币资金的核算 （1）熟悉货币资金的内容； （2）熟悉库存现金账户结构，能够进行账务处理； （3）熟悉银行存款账户结构，能够进行账务处理； （4）熟悉其他货币资金的内容； （5）熟悉其他货币资金账户结构,能够核算银行汇票存款、银行本票存款、外埠存款和信用卡存款业务	1. 流动资产的核算 　结合课程内容和教学进度,设计相应的业务案例,通过模拟训练使大学生学会货币

续表

序号	学习任务	课程内容和教学要求	活动设计
2	流动资产核算	2. 交易性金融资产的核算 (1) 了解金融资产的内容和交易性金融资产的含义； (2) 熟悉交易性金融资产、应收股利、应收利息和投资收益账户结构； (3) 能进行交易性金融资产(股票)取得、持有期间现金股利处理、期末计量和出售的会计核算 3. 应收及预付款项的核算 (1) 熟悉应收及预付款项的内容； (2) 熟悉应收票据产生原因和商业汇票的种类； (3) 熟悉应收票据账户结构，能进行不带息应收票据的取得、到期收回及转让的会计核算； (4) 了解带息应收票据的核算； (5) 熟悉应收账款的产生原因和内容； (6) 熟悉应收账款账户结构，能进行应收账款形成和收回的会计核算； (7) 熟悉预付账款产生原因、预付账款账户设置和账户结构； (8) 能进行预付货款、收货结算和差额补付(或差额退回)的会计核算； (9) 熟悉其他应收款的内容，会核算其他应收款； (10) 了解应收款项减损的确认； (11) 熟悉计提坏账准备的会计核算 4. 存货的核算 (1) 熟悉存货的内容和核算方法； (2) 熟悉采用实际成本核算时存货发出的计价方法，能够利用先进先出法和月末一次加权平均法计算原材料发出和结存成本； (3) 熟悉采用计划成本核算时存货计划成本和实际成本的关系，能够计算材料成本差异率、发出材料的成本差异、材料发出和结存的实际成本；	资金、交易性金融资产、应收及预付款项、存货、固定资产、无形资产的会计核算技能 2. 坏账准备的核算 结合课程内容和教学进度，设计相应的业务案例，通过模拟训练使大学生学会坏账准备的会计核算技能

续表

序号	学习任务	课程内容和教学要求	活动设计
2	流动资产核算	（4）熟悉原材料的含义、内容； （5）熟悉采用实际成本核算时一般纳税人原材料相关账户的设置情况，能够进行一般纳税人原材料购入和发出的简单核算； （6）了解采用计划成本核算方法时一般纳税人原材料相关账户的设置情况，能够进行一般纳税人原材料购入和发出的简单核算； （7）熟悉库存商品的内容和账户结构，能够进行工业企业完工产品入库和商品销售的简单核算； （8）了解委托加工物资含义，熟悉委托加工物资成本构成； （9）能进行不含消费税情况下发出物资、支付加工运杂费及收回委托加工物资的会计核算； （10）熟悉包装物和低值易耗品的核算内容和账户设置； （11）能进行包装物和低值易耗品摊销的会计核算； （12）熟悉存货清查方法，能进行存货盘盈、盘亏的核算； （13）了解存货减值的概念和计提存货跌价准备的核算	3. 原材料发出成本和结存成本的计算 结合课程内容和教学进度，设计相应的计算分析题，通过模拟操作使大学生能用个别计价法、先进先出法、加权平均法和计划成本法计算原材料发出成本和结存成本
3	非流动资产核算	1. 长期投资的核算 （1）熟悉长期投资的内容及特点； （2）熟悉债权投资的确认与计量； （3）能够利用直线法进行债权投资的后续计量； （4）熟悉实际利率法进行债权投资的后续计量； （5）熟悉长期股权投资的确认和计量； （6）能够进行企业合并形成长期股权投资的账务处理（同一控制下及非同一控制下企业合并）； （7）能够进行以非企业合并方式形成的长期股权投资的账务处理； （8）能够进行成本法、权益法下长期股权投资的会计处理； （9）能够进行长期股权投资减值准备的计提及处置长期股权投资的会计处理	1. 非流动资产的核算 结合课程内容和教学进度，设计相应的业务案例，通过模拟训练使大学生学会长期投资、固定资产、无形资产的会计核算技能

续表

序号	学习任务	课程内容和教学要求	活动设计
3	非流动资产核算	2. 投资性房地产的核算 (1) 熟悉投资性房地产的含义、特征及内容； (2) 熟悉投资性房地产的确认与计量； (3) 能够进行投资性房地产取得会计核算； (4) 能够进行投资性房地产后续核算(成本模式、公允价值模式)； (5) 能够进行投资性房地产处置核算(成本模式、公允价值模式) 3. 固定资产的核算 (1) 熟悉固定资产的含义及特征； (2) 熟悉固定资产折旧的含义、影响因素和计提范围； (3) 能够利用平均年限法、工作量法、年数总和法和双倍余额递减法计算固定资产折旧； (4) 了解企业月末固定资产折旧总额的计算方法，能编制提取折旧的会计分录； (5) 熟悉固定资产、在建工程和工程物资账户结构，能进行固定资产取得、维修、出售、盘盈、盘亏的会计核算； (6) 了解固定资产减值准备的相关概念 4. 生产性生物资产的核算 (1) 熟悉生产性生物资产的含义、特征及内容； (2) 熟悉生产性生物资产账户结构； (3) 熟悉生产性生物资产核算的相关规定； (4) 能够进行生产性生物资产增加、折旧和减值及成本结转的会计核算； (5) 了解生物资产后续计量的公允价值账务处理 4. 无形资产和长期待摊费用的核算 (1) 熟悉无形资产的含义、特征及内容； (2) 熟悉无形资产和长期待摊费用的账户结构； (3) 能够进行无形资产取得、摊销和出售、报废的会计核算； (4) 了解无形资产减值准备的相关概念； (5) 熟悉长期待摊费用核算的相关规定	2. 固定资产折旧的计算 结合课程内容和教学进度，设计相应的计算分析题，通过模拟操作使大学生能用平均年限法、工作量法、年数总和法计算固定资产折旧

续表

序号	学习任务	课程内容和教学要求	活动设计
4	负债核算	1. 负债概述 (1) 熟悉负债的含义和特征; (2) 熟悉流动负债的含义和内容; (3) 熟悉非流动负债的含义和内容 2. 短期借款的核算 (1) 熟悉短期借款的特征和账户结构; (2) 能够进行短期借款取得、计息和归还的会计核算 3. 应付及预收款项的核算 (1) 熟悉应付及预收款项的内容和账户设置; (2) 能够进行应付账款产生和归还、预收账款产生、预售商品结算和预收款补收(或退还)的会计核算 4. 应付票据的核算 (1) 熟悉应付票据产生原因和应付票据账户结构; (2) 能够进行不带息应付票据的核算; (3) 了解带息应付票据的核算 5. 应交税费的核算 (1) 熟悉应交税费的主要内容和账户设置情况; (2) 了解小规模纳税人增值税的核算方法; (3) 能够进行一般纳税人增值税进项税额、销项税额、进项税额转出和已交税金的会计核算; (4) 熟悉营业税、消费税、城市维护建设税、教育费附加等税费的内容; (5) 熟悉营业税金及附加账户结构,能够进行营业税、消费税、城市维护建设税、教育费附加等税费的会计核算 6. 应付职工薪酬的核算 (1) 掌握职工薪酬的主要内容; (2) 熟悉应付职工薪酬账户结构,能够进行职工薪酬分配、发放和职工医药费报销的会计核算 7. 其他应付款 (1) 熟悉其他应付款的核算内容; (2) 能够进行其他应付款的会计核算。 8. 非流动负债的核算 (1) 了解长期借款的特征和核算; (2) 了解应付债券的相关概念	1. 负债的核算 　　结合课程内容和教学进度,设计相应的业务案例,通过分析指导及模拟练习使大学生在活动中学会短期借款、应付及预收款项、应付票据、应交税费、应付职工薪酬、其他应付款的会计核算技能

续表

序号	学习任务	课程内容和教学要求	活动设计
5	所有者权益核算	1. 熟悉所有者权益的含义及内容； 2. 熟悉实收资本及股本的概念； 3. 能够进行非股份制企业收到现金资产投资的会计核算； 4. 了解非股份制企业收到非现金资产投资的会计核算； 5. 熟悉资本公积的内容、来源和用途； 6. 能够进行资本溢价和资本公积转增资本的核算； 7. 熟悉企业留存收益的核算内容； 8. 熟悉盈余公积的内容、来源和用途； 9. 能够进行提取法定盈余公积、提取任意盈余公积、提取公益金和盈余公积转增资本的核算； 10. 了解未分配利润的核算	2. 所有者权益的核算 　结合课程内容和教学进度，设计相应的业务案例，通过模拟训练使大学生学会实收资本、资本公积和盈余公积的会计核算技能
6	收入及费用核算	1. 熟悉收入的特点和分类； 2. 能够进行一般销售商品、带有折扣商品销售、分期收款发出商品销售、预收货款销售中主营业务收入和主营业务成本的核算； 3. 能够进行商品销售折让的核算； 4. 能够进行当期商品销售退回的核算； 5. 能够进行多余原材料销售中，其他业务收入和其他业务成本的核算； 6. 熟悉期间费用(管理费用、销售费用和财务费用)和所得税费用的特点和主要内容；能够进行管理费用、销售费用和财务费用的核算	1. 收入的核算 　结合课程内容和教学进度，设计相应的业务案例，通过模拟训练使大学生学会主营业务收入、主营业务成本、其他业务收入、其他业务成本的会计核算技能 2. 费用的核算 　结合课程内容和教学进度，设计相应的业务案例，通过模拟训练使大学生学会管理费用、销售费用、财务费用的会计核算技能

续表

序号	学习任务	课程内容和教学要求	活动设计
7	利润核算	1. 熟悉各项利润指标及其构成； 2. 熟悉营业外收入和营业外支出的核算内容； 3. 了解应交所得税的计算； 4. 能够进行不涉及纳税调整的所得税费用提取和结转的会计核算； 5. 能够进行收入费用结转和本年利润结转的会计核算； 6. 理解利润分配的相关内容和未分配利润的结转核算	利润的核算 　　结合课程内容和教学进度，设计相应的业务案例，通过模拟训练使大学生学会营业外收入、营业外支出、应交所得税、收支结转、本年利润结转、利润分配和未分配利润结转的会计核算技能
8	主要会计报表编制	1. 熟悉财务会计报告的构成及编制要求； 2. 熟悉资产负债表的结构内容、编制依据和编制方法； 3. 掌握资产负债表编制； 4. 熟悉利润表的结构内容、编制依据和编制方法； 5. 掌握利润表编制； 6. 了解现金及现金流量含义、现金流量分类及现金流量表的结构内容	1. 编制资产负债表 　　提供案例资料，在教师指导下，边学边做，具备编制资产负债表的基本技能。 2. 编制利润表 　　提供案例资料，在教师指导下，边学边做，具备编制利润表的基本技能

续表

序号	学习任务	课程内容和教学要求	活动设计
9	管理会计基础	1. 成本会计基础 (1) 熟悉成本会计的概念； (2) 掌握产品成本核算的一般程序； (3) 能够根据产品特点进行产品成本计算 2. 管理会计基础 (1) 熟悉管理会计要素； (2) 熟悉各类管理会计工具； (3) 了解管理会计信息与报告 3. 政府会计基础 (1) 了解政府会计基本准则、政府会计具体准则、政府会计制度； (2) 熟悉政府预算会计要素、政府财务会计要素的内容； (3) 能够进行政府会计核算	1. 产品成本计算 (1) 以产品品种作为成本核算对象，指导大学生归集和分配产品成本； (2) 以产品的批别作为成本核算对象，指导大学生归集和分配产品成本； (3) 按照生产过程中各个加工步骤(分品种上)作为成本核算对象，指导大学生归集和分配产品成本 2. 政府会计基础 通过政府预算会计要素和政府财务会计要素的相关资料，指导大学生进行政府会计核算

5.1.5 学业质量

1. 学业质量内涵

根据会计行业和企业财会相关工作岗位的要求,以及高职高专会计信息管理人才培养目标和财会人员职称标准,通过社会调研,明确大学生就业岗位及典型工作任务,在分析典型工作任务的基础上,制定课程标准,要求大学生熟练运用会计确认、计量和报告的技能,为企业管理者和企业外部的信息使用者提供真实、可靠、及时的会计信息,并能实际应用于出纳员、记账员、成本会计员、税务会计员、会计稽查员和总账会计员等会计岗位。在课程学习中,注重培养大学生坚持准则、诚实守信、爱岗敬业的优良品质,善于沟通表达、勤于思考、具备团队协作的能力,同时为后续专业课程的学习和今后从事会计工作奠定坚实的基础。本课程在专业培养目标中的具体定位为培养"助理会计师"。

2. 学业质量水平

(1) 知识水平

本课程要求大学生:

① 了解会计职业岗位及其工作要求;

② 了解会计的基本要素及其分类;

③ 掌握资金核算、往来核算、存货核算、固定资产核算、投资与融资核算、工资核算、资本核算及成本核算的基本方法和程序;

④ 掌握税务会计处理的方法和税务办理的程序;

⑤ 熟练掌握总账管理的基本内容,以及财务会计报告(会计报表)的编制要求和方法。

(2) 技能水平

通过本课程项目导入任务驱动的教学过程,大学生应具备会计初级岗位的基本技能,主要包括:

① 能够熟练运用会计准则,分析货币资金、应收款项、存货、固定资产项目的经济业务,并进行相应账务处理;

② 能够熟练运用会计准则,分析投资与融资、工资、资本项目的经济业务,并进行相应账务处理;

③ 能够熟练运用会计准则,分析产品成本构成,进行产品成本的归集与分配,

准确计算完工产品和在产品成本；

④ 能够熟练运用会计法规和税务法规，对企业的流转税、所得税和其他相关税收进行计算和会计核算，并能按照税务会计处理的方法和操作程序正确办理涉税业务；

⑤ 能够熟练运用会计准则，正确编制资产负债表、利润表和现金流量表。

(3) 素质水平

通过本课程的学习，大学生的社会能力应有相应的提升，主要表现在：

① 善于沟通，具有良好的团队协作精神；

② 敬业爱岗，乐于奉献，诚信为本，坚持准则，具有良好的职业道德；

③ 积极进取，具有良好的身体素质和心理素质；

④ 勇于创新，敢于实践，具有良好的创业素质。

5.1.6 课程实施

课程坚持把立德树人作为教学中心环节，把思想政治工作贯穿于教育教学全过程，使课程与思想政治理论课同向同行，实现"三全育人"（全员育人、全程育人、全方位育人）的目的。首先，按照中共中央办公厅和国务院办公厅印发的《关于深化新时代学校思想政治理论课改革创新的若干意见》要求，开好"中国特色社会主义""经济政治与社会""职业道德与法律"等必修课程。其次，梳理会计信息管理专业课程的基本内容，深度挖掘各专业基础课和专业核心课程蕴含的思想政治教育资源，提升专业教师的德育意识，树立"课堂思政"理念，积极开展专业课程与思政教育协同教学的理论探讨与改革，构建德、智交叉育人的立体化教学体系。最后，健全协同育人的制度保障和评价体系，加强对大学生和教师的思政考核。

1. 教学要求

高等职业教育专科初级会计实务课程教学要紧扣学科核心素养和课程目标，在全面贯彻党的教育方针、落实立德树人根本任务的基础上，突出职业教育特色，提升大学生的会计实务素养，培养大学生了解会计法规和企业会计准则的相关规定，初步具备核算企业主要经济业务的职业能力，达到会计从业人员的相关要求。

(1) 目标定位"双师双证"，教学内容先进、合理

来自一线的优秀兼职教师参与开展教学方案的规划和设计，注重课程标准与会计职业标准的关系，注意教学内容与时俱进，融合学历证书与会计专业技术资格（初级）证书的要求，在课程教学体系中，根据会计专业技术资格考试大纲和考试时

间合理设置课程,鼓励大学生毕业时不仅取得毕业证,还拥有会计专业初级职称,增强在会计人才市场的市场竞争力。

本课程专任教师均为"双师型",财会从业经验丰富,熟悉会计职业岗位能力需求,注重大学生应用技能、专业素质的培养,积极鼓励和提倡本专业的大学生考取国家统一认证的会计专业技术资格证书(初级会计职称证书),以提高毕业生的求职竞争力。

课程设计注重系统性,注重与后续课程,如会计综合实训、审计基础教学内容的衔接与分工。以真实的工作任务为载体设计教学过程,注重大学生职业道德、职业品质的培养,注重大学生操作能力的培养,注重大学生职业能力的培养。

具体能力(技能):填制凭证能力、登记账簿能力、出纳核算能力、总账核算能力、工资核算能力、应收应付款核算能力、固定资产核算能力、购销存核算能力、成本核算能力、收入费用核算能力、利润报表编制能力。

(2) 教学团队综合素质高

本课程专任教师均为"双师型",教学团队具有合理的知识、年龄结构。引进企业、行业一线的优秀兼职教师充实、更新教师梯队,并根据课程需要配备辅导教师。教学团队的教师专业素质较高。主讲教师师德好、事业心强、治学严谨,能及时跟踪产业发展趋势和行业动态,分析职业岗位能力要求和更新变化,并及时纳入教学内容。教学实施过程注重大学生实践能力培养,教学能力强,教学特色突出,专业技能水平高。同时,专业教师还具有一定企业经历和行业影响力。

(3) "实账教学法"为主,多种方法灵活运用

将实账教学法、案例教学法、协作学习等现代教育理念应用于课堂教学中,以企业会计职业岗位为就业导向,以工学结合为切入点,突出职业能力培养。根据课程内容和大学生特点,因材施教,推行任务驱动、项目导向的符合职业教育特色的教学模式,灵活采用真实教学法、案例导入法、情景模拟教学法、比较分析法、课堂讨论总结法等多种教学方法,尤其是"实账教学法",充分使用虚拟工厂、虚拟财务部门、虚拟实验等现代技术手段,将实践教学内容以动漫的方式展示,大大提高了大学生学习的趣味性。学习、娱乐相结合,促进了教学活动的开展,开拓了课堂教改新思路,使大学生能够尽快了解将来可能从事的会计工作,熟悉会计工作的全过程。

2. 学业水平评价

(1) 突出过程与模块评价,结合课堂提问、业务操作、课后作业、模块考核等手段,加强实践性教学环节的考核,并注重平时成绩的评定。

(2) 强调目标评价和理论与实践一体化评价,注重引导大学生及时调整学习方式。

(3) 强调课程结束后的综合评价,结合案例分析、成果展示等手段,充分发挥大学生的主动性和创造力,注重考核大学生所拥有的综合职业能力及水平。

(4) 建议在教学中分任务模块评分,在课程结束时进行综合模块考核。

3. 教材编写要求

教材编写要落实课程思政要求并突出职业教育特点,教材内容要优先选择适应我国经济发展需要、技术先进、应用广泛、自主可控的软硬件平台、工具和项目案例。教材设计要与高等职业教育专科的教学组织形式及教学方法相适应,注重理实一体、项目导向、任务驱动等有利于大学生综合能力培养的教学模式。教材形式要落实职业教育改革的要求,倡导开发新型活页式、工作手册式教材和新形态立体化教材。具体要求可总结为以下6条:

(1) 教材应依据本课程标准编写。

(2) 教材应充分体现任务引领、实践导向的课程设计思想。

(3) 教材以完成任务的典型活动项目来驱动,通过流程图、业务案例、情景模拟和课后拓展作业等多种手段,采用递进和流程相结合的方式来组织编写,使大学生在各种活动中培养分析企业主要经济业务和进行会计核算的基本职业能力。

(4) 教材应突出实用性,应避免把职业能力简单理解为纯粹的技能操作;同时要具有前瞻性,应将本专业领域的发展趋势及实际业务操作中的新知识、新方法及时纳入其中。

(5) 教材应以大学生为本,文字表述要简明扼要,内容展现应图文并茂、突出重点,重在提高大学生学习的主动性和积极性。

(6) 教材中的活动设计要具有可操作性。

4. 课程资源开发与学习环境创设

(1) 利用现代信息技术开发幻灯片、录像带、视听光盘等多媒体课件,搭建多维、动态、活跃、自主的课程训练平台,充分调动大学生的主动性、积极性和创造性;同时联合各校开发多媒体课件,努力实现跨校多媒体资源的共享。

(2) 注重仿真软件的开发利用,如"模拟实习""在线答疑""日常测试""模块考试"等,让大学生置身于网络实习平台中,积极自主地完成该课程的学习,为大学生提高处理会计业务的基本职业能力提供有效途径。

(3) 搭建产学合作平台,充分利用本行业的企业资源,满足大学生参观、实训和毕业实习的需要,并在合作中关注大学生职业能力的发展,及时做出教学内容的调整。

(4) 积极利用在线课堂、电子书籍、电子期刊、数字图书馆、各大网站等网络资源,使教学内容从单一化向多元化转变,促进大学生知识和能力的拓展。

(5) 利用会计信息管理开放实训中心,将教学与培训合一、教学与实训合一,满足大学生综合职业能力培养的要求。

5. 教师团队建设

高等职业教育专科初级会计实务教师要牢固树立良好的师德师风,符合教师专业标准要求,具有一定的会计实务实践经验和良好的课程教学能力。教师团队建设要求如下:

(1) 课程教师的数量应按照国家有关标准配备。

(2) 学校应重视课程教师队伍建设,优化师资队伍年龄、性别、职称与学历结构,增强课程教师队伍的整体实力和竞争力。

(3) 建立课程负责人制度,组建教师创新团队,积极组织开展各类教研活动,促进青年教师成长。

(4) 要注重课程教师的双师素质培养,建立教师定期到企事业单位实践的制度,与时俱进地提升教师的技术水平和实践经验。

(5) 以专任教师为主,开展校企合作,组建双师结构教学团队。

(6) 鼓励和支持教师进行课程教学改革创新,使课程教学更好地适应大学生全面发展和个性化发展的需要,满足经济社会发展需求。

6. 课程实施要求

高等职业教育专科学校要落实国家关于初级会计实务课程教育的最新要求,加快实现师生会计素养普遍提高的发展目标。学校要重视落实本课程标准,关注大学生会计素养的发展水平,开展学业质量水平测试,对课程教学效果开展监测,努力实现人才培养目标。

学校要为课程教学提供必要的设备设施,保障基本教学条件,满足本课程标准的实施要求,支持大学生开展数字化学习。学校应结合本地区产业发展和专业教学的需要,立足大学生实际,精选拓展模块内容,打造精品课程。学校可依据各专业的特点,将实际业务应用到专业实际教学中,支持高水平、有特色的高素质技术技能人才培养。

教学设备设施配备要求以初级会计职称考试课程资源与互动教学平台项目为

例,具体内容见表 5.3。

表 5.3 初级会计实务教学机房设备设施配备要求表

项目			初级会计职称考试课程资源与互动教学平台
数量			1 套
平台参数			具体要求
一、平台技术参数指标	1. 平台总体要求		① 采用主流的 J2EE 技术框架搭建,JAVA 语言开发,采用 B/S 结构; ② 平台无须安装本地化软件,基于互联网应用,服务器部署在云端,用户可随时随地访问组织教学、学习; ③ 数据缓存使用 Redis,分布式内存对象缓存系统,减少读取数据库次数,提高动态 Web 应用的速度、提高扩展性; ④ 网站域名等信息已在 ICP 备案。运行平台在物理安全、网络安全、主机安全、应用安全、数据安全、管理要求等方面,不低于《信息安全等级保护管理办法》中规定的标准; ⑤ 规定的信息系统符合安全等级保护(三级)基本要求。平台 APP 已在教育部移动互联网应用程序备案,能提供相应的备案证明资料
	2. PC 端功能参数	(1) 建设功能	① 支持教师自行创建课程,自建一门独立课程,也可以复制引用平台方提供的优秀课程;教师根据需要对课程内容进行维护,支持用户引用各级各类资源搭建和重组课程;内容包括:课程介绍,章节内容,库管理,教师团队管理;提供统计课程的具体使用情况和内容的详细情况; ② 提供教学资源库功能。根据章节、资源类型、媒体类型进行检索,同时资源内容可以根据名称搜索,根据上传时间选择排序。资源类别包括:知识精讲课程、应用拓展课程、课程讲义、讨论及思考题、案例、拓展资源;媒体类型包括:文本类(DOC、XLS、DOCX、XLSX、PDF)、视频类、PPT 演示文稿(PPTX、PPT)、图片图形类和网络链接等;支持上传视频功能,支持小于 300M 格式为 MP4 的视频上传,并可将视频发送到资源库中使用,在上传资源库时可设置课程、章节、知识点归属信息,自主编辑视频名称;支持多种类型和格式的资源上传,提供 10G 资源空间让学校进行使用;

续表

项目			初级会计职称考试课程资源与互动教学平台
一、平台技术参数指标	2. PC端功能参数	（1）建设功能	③ 提供课程活动库功能：教师根据章节、活动类别、活动类型筛选活动，根据上传时间选择排序；活动类型包括：头脑风暴、分组任务、随堂测等；活动类别包括：讨论、破冰、实践、调查、测试、拓展、实训； ④ 提供题库管理功能：根据课程章节、题目类型进行检索，根据上传时间选择排序，题目类别包括单选题、多选题、不定项、判断题等；教师可以自主创建单选题、多选题、不定项、判断题等题目；支持多种题型的编辑，支持试题的批量导入，支持在线编辑试题中的图片
		（2）教学功能	① 支持用户自行管理大学生、教师账号，可注册、添加或删除大学生、教师账号。提供学院/系/行政班管理功能，学校管理员可根据学校的实际情况，修改学院/系/行政班，并提供5000个账号的用户开通权限； ② 提供备课功能：教师可根据需要选择上课日期提前进行备课，可选取资源库、活动库中的内容进行备课，教师可上传课堂讲义PPT，在PPT中插入活动和资料；上课时可直接在平台调用展示，同时根据课堂进度直接开始相关活动和展示资料，进行多形式的线上+线下的课堂互动； ③ 提供课程章节开放管理功能，教师可以根据教学进度设置教学视频的开通时间，也可以根据需要修改开通时间； ④ 提供作业布置功能：教师根据授课内容，自主选择考核知识点、设置题量发布作业。习题可以由教师自己选取，也可以根据设置的出题方案抽取；支持同一套试卷大学生的试卷知识点考点一致，但题目随机不同；支持教师设置大学生能否查看答案，交卷后查看答案，到截止时间后查看答案或者边做边看答案；支持教师设置作业是否限时，若到达限制时间后是统一强制交卷还是每人作答固定时间后交卷；支持教师设置大学生作答次数，答题次数最大为5次。教师同时可以保存作业、复制作业，可查看班级成绩单、查看单个大学生成绩以及他个人作答详情，支持教师强制提交和打回大学生作答；

续表

项目			初级会计职称考试课程资源与互动教学平台
一、平台技术参数指标	2. PC端功能参数	(2)教学功能	⑤ 提供考试布置功能：教师根据授课内容，自主选择考核知识点、设置题量自主发布考试。习题可以由教师自己选取，也可以根据设置的出题方案抽取；支持同一套试卷大学生的试卷知识点考点一致，但题目随机不同；支持教师设置大学生能否查看答案，交卷后查看答案，到截止时间后查看答案或者边做边看答案；支持教师设置考试是否限时，若到达限制时间后是统一强制交卷还是每人作答固定时间后交卷；支持教师设置大学生作答次数，答题次数最大为5次。教师同时可以保存考试、复制考试，可查看班级成绩单、查看单个大学生成绩以及个人作答详情，支持教师强制提交和打回大学生作答； ⑥ 提供大学生学习情况查询功能，支持多维度的数据统计包括作业考试成绩、课程学习成绩、课堂互动成绩、学员平时成绩和整体综合的总成绩： a. 作业考试成绩：教师可查看班级成绩单、单个大学生成绩以及个人作答详情，支持多维度导出成绩用于教学备案； b. 课程学习成绩：视频学习时长和章节练习两个维度统计。教师可按照视频查看班级整体时长和听课进度和单个大学生听课情况；教师可依据某个练习查看班级成绩单、单个大学生成绩以及个人作答详情；支持多维度导出成绩用于教学备案； c. 课堂互动成绩：可以查看大学生的各项考核成绩，包括课堂活动、考勤统计和课堂提问，支持导出各项成绩表格； d. 学员平时成绩：从个人角度查看大学生线上学习情况和线下课堂详情； e. 学员总成绩：教师可以分别设置作业、考试、线上课程学习、线下翻转课堂等各项考核的权重比例计算学员的期末总成绩；另外可以导入线下考试等其他成绩参与折算，多元化实习实训考核评价体系 ⑦ 提供丰富的签到管理功能：有传统点名考勤、数字码考勤、手势考勤和定位签到，可查看应到、出勤、缺勤以及早退、迟到、事假等各种出勤状态，统计班级出勤情况；可以针对某一考勤查看导出已签到、未签到大学生名单；

续表

项目			初级会计职称考试课程资源与互动教学平台
一、平台技术参数指标	2. PC端功能参数	(2) 教学功能	⑧ 提供丰富的课堂活动功能： a. 随堂测验：教师可以启动随堂测试，将选择好的题目通过教学平台推送到大学生的手机上，大学生做完题目提交后，教师可以查看做题结果，可查看每个题目的正确率，也可单独查看某个大学生整体的作答情况； b. 分组活动：教师可以启动分组活动，大学生可以按照设置好分组方案进组也可以自由进组或者随机分组，小组成员合力完成作答，可教师评分，也可小组间大学生互评； c. 头脑风暴：教师可以启动头脑风暴，每个大学生发表自己的见解，教师可以展示与大家分享，大学生可以对彼此的成果进行评论； d. 问卷调查：教师可以启动问卷调查，支持选择问卷或者简答问卷 ⑨ 提供消息公告管理功能：教师可以向大学生发布公告、通知、学习提醒等信息； ⑩ 提供随机提问功能和点名功能：在课堂上随机抽取或者选择幸运之星，与大学生互动，可以根据大学生的作答情况进行奖惩； ⑪ 学习监测：展示教学班级中的详细情况，如用户趋势、学习监测、作业考试、疑点难点、大学生排行等行为记录，方便教师了解大学生学习活跃程度； ⑫ 提供实训课程管理：教师可以查看已授权的第三方应用课程的详细情况。教师可以进行第三方课程的班级管理，包括班级信息、大学生管理、实习成绩。班级信息中可以维护教学班级的名称、权限、开课时间；大学生管理中，教师可以对班级里大学生进行添加或者移除；实习成绩中可以查看大学生第三方课程的成绩； ⑬ 提供直播间管理：教师可以根据自己的需要创建和管理直播间，可根据教学需要创建5个直播间，提供直播排班管理；教师可以根据自己的需要创建直播排班计划，开启直播入口；支持直播观看回放；

续表

项目			初级会计职称考试课程资源与互动教学平台
一、平台技术参数指标	2. PC端功能参数	(2) 教学功能	⑭ 提供学校门户网址建设:学校管理员可以根据学校的实际情况,修改学校简介、学校 logo、学校形象图等; ⑮ 提供大数据看板:以看板展示学校的整体概况、师生活跃度、教学资源等信息的线性图、柱状图、饼状图,辅助教学管理
		(3) 学习功能	① 提供听课功能:支持在线学习视频课程,教学视频尺寸不小于 1280×720 px;提供播放速度调节功能,可根据观看习惯,自由选择合适的播放速度; ② 提供作业功能:大学生在完成教师端布置的作业后可以获得分数用于统计期末总成绩; ③ 具备考试功能:大学生在完成教师端布置的试卷后可以获得分数用于统计期末总成绩; ④ 支持课堂互动功能:可参加教师发布的各类活动,分组间相互评分,同学互相评论
	3. APP功能参数		① APP 支持手机等移动终端学习功能:可以利用手机学习课程内视频、文档、随堂测、作业、考试等功能; ② APP 支持大学生参与多种形式的课堂活动:问卷调查、头脑风暴、分组任务、随堂测验等; ③ APP 实现四种形式的在线签到:传统点名考勤、数字考勤、手势考勤、GPS 定位考勤,帮助教师自动统计大学生出勤情况; ④ APP 记录学习情况:按课程查看各个视频的学习进度,并提供大学生平时学习情况统计和线下课堂表现详情,大学生的各项学习活动均有分值记录,作为期末成绩考核依据; ⑤ 支持手机在线看课功能,支持下载后离线看课,支持倍速看课

续表

项目		初级会计职称考试课程资源与互动教学平台
二、平台业务参数指标	1. 视频课程	① 平台包含经济法基础、初级会计实务两门课程,共三个班次(基础班、冲刺班、习题班),课程根据最新的考试大纲进行框架搭建; ② 初级会计实务课程内容包含如下: a. 课程内容共计 9 章,不少于 90 个知识点; b. 提供名师组织建设的三个班次视频课程,视频教学总时长不少于 90 个小时; c. 不少于 1500 页知识点 PPT; d. 不少于 5000 题练习题; ③ 平台包含直播回放课程,可供无限次回放学习: 直播课程采用知识＋经典真题组合,《初级会计实务》直播辅导 10 次,计 20 小时。加深对高频考点及重难点的理解,帮助大学生避开雷区,瞄准考点
	2. 初级会计职称无纸化模考系统	① 无纸化模考系统包含初级会计实务课程模考; ② 大学生可通过选择"模拟考试"形式进行模拟练习,系统按初级会计职称考试要求的时间、题型、题量进行随机组卷。大学生模拟考试平台操作,体验真实的考试环境; ③ 大学生可通过选择"按章练习"进行模拟练习,自主选择按章或者按节的方式,并对时间、题型、题量进行设置,系统根据设置完成随机组卷。大学生模拟考试平台操作,体验真实的考试环境; ④ 题库紧扣教学大纲和考试要求,全面覆盖各类知识点; ⑤ 大学生可通过"练习记录",查看"模拟考试""按章练习"已完成的做题结果,根据做题结果自我评估掌握情况,并可通过查看相关题析,进一步加深对知识点的理解;大学生也可对该试卷进行反复重练习,提高对知识点的掌握程度; ⑥ 大学生可通过"考试动态"模块,查看各地发布相关考试实时信息; ⑦ 大学生可通过"考试论坛"模块,查看全国各地学员学习心得讨论; ⑧ 大学生可通过"政策信息"模块,查看各地发布的政策实时信息; ⑨ 大学生可通过"考试大纲"模块,了解考试大纲变化及对比情况

5.2 财务共享课程标准

5.2.1 课程性质与任务

1. 课程性质

本课程是会计信息管理专业的一门专业核心课程。课程包括财务共享、服务共享、财务云智能技术应用等内容，让大学生学会对日常财税业务进行信息化处理，使大学生具备智能处理的基本职业能力，课程内容还可以对接"1+X 财务共享服务"职业技能等级证书，有效地实现课、岗、证融通。

本课程还适用于企业，尤其是财务共享中心会计核算、业务财务数据收集与整理、智能财务工具设计、会计云平台信息系统运用与维护、财务共享中心运营与管理等岗位群中，能够应用智能财务系统进行经济业务审核、会计确认、计量和报告等会计核算工作的人员，能够应用智能财税系统进行各种税费计算与申报、进行基本的纳税筹划和纳税风险控制等工作的人员，能够应用智能财务工具、会计云平台进行业务财务流程、内容和制度一体化设计，财务数据收集、整理和可视化分析等工作的人员。

2. 课程任务

财务共享课程以财务共享服务为中心，以日常财税业务智能处理为业务情境。结合"1+X 财务共享服务"职业技能等级证书三个等级内容，本课程可分为：初级——包含智能财务共享中心、智能财务机器人、智能税务、职业技能等级考试四大模块；中级——包含核算共享、流程管理、财务云智能工具设计三大模块；高级——包含数据共享、运营管理、财务云数字平台规划三大模块。各个模块提供多家不同行业的实训案例，包括财务共享中心智能核算流程的账务处理，财务共享票据中心多维度票据练习，财务机器人智能识别流程的账务处理，小规模纳税人、一般纳税人企业纳税申报案例，配套财务共享职业技能测评的综合试卷。全面考核大学生实务业务的判断、财税核算、服务办理和智能技术应用的能力，培养面向新时代会计岗位需要的高素质技术技能人才。

财务共享课程深入贯彻落实《国务院关于印发国家职业教育改革实施方案的通知》(国发〔2019〕4号)、《国务院办公厅关于印发职业技能提升行动方案(2019~2021年)》(国办发〔2019〕24号)和《关于在院校实施"学历证书＋若干职业技能等级证书"制度试点方案》等文件要求,积极推进"学历证书＋若干职业技能等级证书"(简称1＋X证书)制度试点工作。

5.2.2　学科核心素养与课程目标

1. 学科核心素养

以习近平新时代中国特色社会主义思想为指导,深入贯彻落实全国教育大会部署,完善会计类专业职业教育和培训体系,按照高质量发展要求,坚持以职业需求为导向,以大学生发展为中心,积极探索新时代高层次技术技能型会计人才培养培训模式和评价模式改革。

高等职业教育专科财务共享课程学科核心素养主要包括管理意识、管理会计思维、智能应用与设计、会计社会责任四个方面。坚持学历教育与职业培训"1＋X财务共享服务"职业技能等级证书相结合,促进书证融通。严把证书标准和人才质量两个关口,规范培养培训过程,总结经验,拓宽技术技能型人才成长通道,增强大学生的就业创业本领,提升大学生的技能竞争能力。

2. 课程目标

对接科技发展趋势和市场需求,结合"1＋X财务共享服务"职业技能等级证书内容,重点培养大学生的实践能力,深化复合型技术技能型人才培养培训模式改革,完善职业教育和培训体系。课程目标对应课程任务,具体目标如下:

(1) 职业素质养成目标

① 廉洁守法,诚实守信;

② 原则性强,具有较强的责任感和使命感;

③ 具备细心严谨的工作作风及良好的道德情操。

(3) 基本知识教学目标

① 初级——票据核算,财务审核,税务处理,智能应用,证照办理,档案管理;

② 中级——任务核算,薪酬管理,资金结算,流程再造,需求挖掘,智能设计;

③ 高级——报表管理,数据统计,业务分析,服务设计,知识管理,风险预警。

(2) 职业能力培养目标

① 初级——具有基本的信息技术使用能力,同时具备理解能力、执行能力以及学习能力;

② 中级——具有分析问题、解决问题的能力,同时具备沟通协调、适应能力、抗压以及管理能力。

③ 高级——具有沟通协调、管理能力,同时具备组织以及决策能力。

5.2.3 课程结构

根据高等职业教育专科财务共享课程目标,确定课程模块与学时安排。

1. 课程模块

本课程模块依据财务共享课程任务分解为三个等级的课程模块:初级——包含智能财务共享中心、智能财务机器人、智能税务、职业技能等级考试四大模块;中级——包含核算共享、流程管理、财务云智能工具设计三大模块;高级——包含数据共享、运营管理、财务云数字平台规划三大模块。

(1) 智能财务共享中心模块(初级)

智能财务共享中心模块模拟企业财务共享中心账务处理,对企业经常发生的一些简单、重复的经济业务,根据原始单据选择录入相关信息,系统自动生成记账凭证,让大学生体验到真实职业环境中的账务处理过程(如图 5.1 所示)。

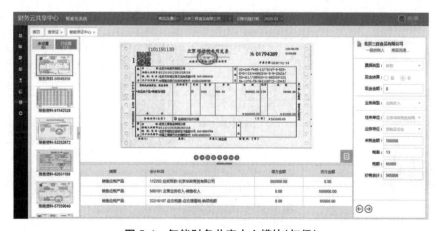

图 5.1 智能财务共享中心模块(初级)

(2) 智能财务机器人模块(初级)

智能财务机器人模块模拟企业财务机器人账务处理,对所有原始单据进行智能识别,通过OCR扫描自动识别企业票据,系统自动生成记账凭证,让大学生体验到真实职业环境中的账务处理过程(如图5.2所示)。

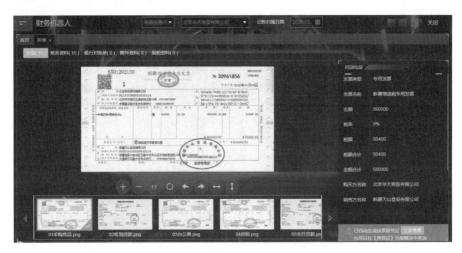

图5.2 智能财务机器人模块(初级)

(3)智能税务模块(初级)

智能税务模块包括增值税主表及其附表、企业季度所得税主表及其附表、附加税、印花税、个人所得税、社保费等税费申报,以及发票认证、发票开具等操作,让大学生体验到真实职业环境中的网上报税全过程(如图5.3、图5.4所示)。

图5.3 智能税务模块一(初级)

第 5 章　会计信息管理专业课程标准

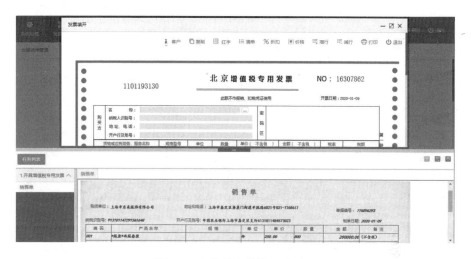

图 5.4　智能税务模块二（初级）

（4）职业技能等级考试模块（初级）

职业技能等级考试模块包含技能辨别题和技能操作题两大部分（如图 5.5～图 5.10 所示）。技能辨别题包括单项选择题、多项选择题、判断题等，内容全面，有时也采用一些图片题、排序题、趣味题等，增加大学生做题的情境感和趣味性。平台支持使用 Excel 模板进行客观题的批量导入，有效提高出题效率。技能操作题包括云核算、财务机器人、云税务操作等。配套的综合试卷有助于大学生更好地掌握财务共享职业技能。

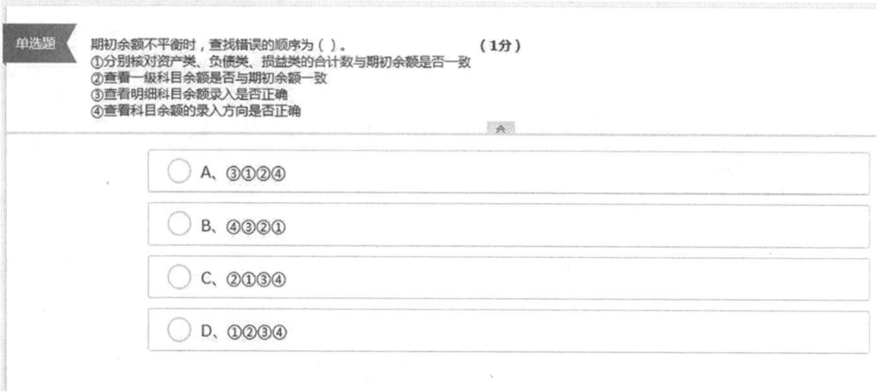

图 5.5　职业技能等级考试模块一（初级）

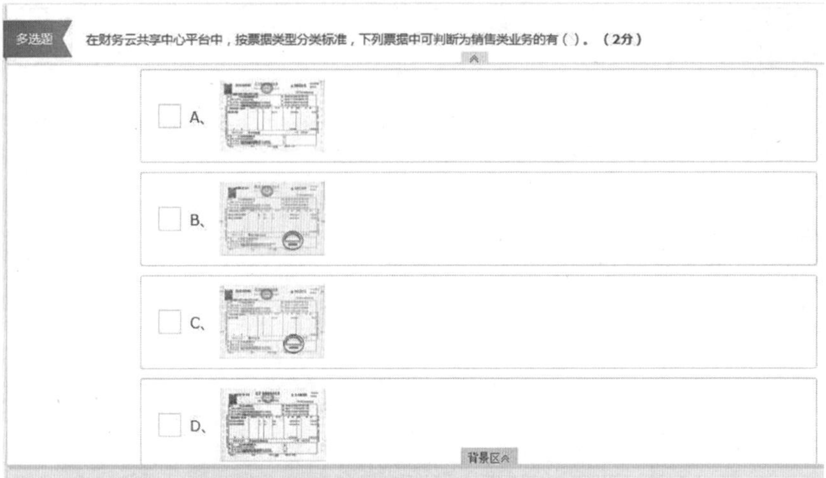

图 5.6 职业技能等级考试模块二(初级)

图 5.7 职业技能等级考试模块三(初级)

图 5.8 职业技能等级考试模块四(初级)

第 5 章　会计信息管理专业课程标准

图 5.9　职业技能等级考试模块五(初级)

图 5.10　职业技能等级考试模块六(初级)

(5) 核算共享模块(中级)

核算共享模块包括采购与付款核算、销售与收款核算、商旅与费用核算、薪酬核算以及资金结算五个方面,大学生能够依据《企业会计准则》处理企业日常财务核算业务,拥有会计核算能力。

(6) 流程管理模块(中级)

流程管理模块包括业务流程设计、业务流程实施、业务流程优化三个方面。大学生通过学习流程管理模块,熟悉《企业内部控制应用指引》关于企业日常业务的关键风险点,能够根据流程管理的目标,分析企业内、外部竞争环境,设计日常业务流程并提出最优方案;同时将优化方案具体化,形成优化后的业务流程图,并协调业务、技术等相关部门改进。

(7) 财务云智能工具设计模块(中级)

财务云智能工具设计模块包括财务机器人功能需求整理、财务机器人功能原型设计、财务机器人开发沟通三个方面。大学生通过学习财务云智能工具设计模块,能够从大量重复、有明确规则的业务中发现财务机器人的开发需求,并对相关需求进行分析、调研及规划;根据财务机器人的功能需求梳理出标准化的业务规则和流程,并整理成开发逻辑底稿和功能设计底稿;能够根据功能设计底稿进行财务机器人界面设计,配合其将原型设计图转化为产品页面设计图,直至财务机器人上线。

(8) 数据共享模块(高级)

数据共享模块包括报表管理、数据统计、业务分析三个方面。大学生通过学习数据共享模块,学会编制各层级法定财务报表,能够进行报表填报,平衡试算;具备数据思维及逻辑分析能力,善于学习和使用 Excel、Power BI、思维导图等工具;增强服务意识,能够与业务人员进行充分沟通,并为其提供分析数据,支持业务决策;具备全局观及系统思维能力,能够运用 SWOT、PEST、波特五力模型、战略地图等工具,能够根据管理需求,设计分析模型,得出分析结论,支持业务决策。

(9) 运营管理模块(高级)

运营管理模块包括服务标准设计、满意度评价、知识管理与培训三个方面。大学生通过学习运营管理模块,能够根据共享中心服务对象的业务范围,深入沟通确定服务需求,并将服务需求分类汇总;能够根据服务标准建立满意度定期评价机制,并进行汇总分析,提出相应的改进措施。

(10) 财务云数字平台规划模块(高级)

财务云数字平台规划模块包括财务信息系统规划、可视化分析平台搭建、日常数据监控三个方面。大学生通过学习财务云数字平台规划模块,能够理解财务信息系统规划的基本原理和架构,梳理企业政策层、标准层、流程层和落地层各方面的信息,按照标准化的方法对管理制度、业务流程、财务数据等进行标准化设计,利用相关工具绘制系统界面原型设计图;能够与业务人员和技术人员协调沟通、反复研讨、修改完善原型设计图;能够跟踪分析预警数据指标的合理性,根据企业实际情况,及时优化数据监控方案。

2. 学时安排

财务共享课程建议课时数为120。具体学时安排见表5.4、表5.5、表5.6。

表 5.4 财务共享(初级)学时安排表

序号	课程模块	课程内容	学时
1	财务共享概述	财务共享概述	40
2	工作领域一:财税共享	期初建账	
		票据录入	
		财税审核	
		纳税申报	
		档案管理	
3	工作领域二:服务共享	企业设立、变更与注销	
		发票申领与使用	
4	工作领域三:财务云智能技术应用	智能识别	
		智能记账	
		智能审核	
5	职业技能等级考试	熟悉考试平台	

表 5.5 财务共享(中级)学时安排表

序号		课程	学时
1	核算共享模块	采购与付款核算	40
		销售与收款核算	
		商旅与费用核算	
		薪酬核算	
		资金结算	
2	流程管理模块	业务流程设计	
		业务流程实施	
		业务流程优化	
3	财务云智能工具设计模块	财务机器人功能需求整理	
		财务机器人功能原型设计	
		财务机器人开发沟通	

表 5.6 财务共享(高级)学时安排表

序号	课程模块	课程内容	学时
1	数据共享模块	报表管理	
		数据统计	
		业务分析	
2	运营管理模块	服务标准设计	40
		满意度评价	
		知识管理与培训	
3	财务云数字平台规划模块	财务信息系统规划	
		可视化分析平台搭建	
		日常数据监控	

5.2.4 课程内容

财务共享课程内容见表 5.7、表 5.8、表 5.9。

表 5.7 财务共享(初级)课程内容

模块	工作内容	技能目标
1. 概述	财务共享概述	① 了解财务共享体系； ② 熟悉财务共享内容； ③ 熟悉财务共享标准； ④ 了解考核方式
2. 工作领域一：财税共享	工作任务一：期初建账	① 了解会计准则、小企业会计准则、税收政策； ② 熟悉期初建账的规则； ③ 掌握期初建账的技能
	工作任务二：票据录入-整理扫描	① 了解票据种类划分； ② 识别八大类票据； ③ 掌握票据整理规则
	工作任务二：票据录入-销售类单据	① 能够准确识别填写各大业务类型的细分类别、发票类型、金额、税率、资金账户等信息； ② 完成平台里 30 张销售类单据测试

续表

模块	工作内容	技能目标
2. 工作领域一：财税共享	工作任务二:票据录入-收款类单据	① 熟悉岗位职责； ② 掌握审核银行业务单据审核要点； ③ 能够根据单据的类型判断出所属的业务类型并做出对应账务处理； ④ 能够在共享中心平台内独立完成"票据录入"流程工作； ⑤ 完成平台里20张收款类单据测试
	工作任务二:票据录入-采购类单据	① 能够准确判断采购业务类型、销售特征、抵扣类别、及其他票据录入注意事项； ② 完成平台里30张采购类单据测试
	工作任务二:票据录入-付款类单据	① 熟悉岗位职责； ② 掌握审核银行业务单据审核要点； ③ 能够根据单据类型判断所属业务类型并做出对应的账务处理； ④ 完成平台里20张付款类单据测试
	工作任务二:票据录入-转款类单据	① 熟悉岗位职责； ② 掌握企业提取备用金的业务流程； ③ 掌握支票的使用方法； ④ 能够根据单据的类型判断出所属的业务类型并做出对应账务处理； ⑤ 完成平台里20张转款类单据测试
	工作任务二:票据录入-费用类单据	① 了解常见的费用明细科目； ② 能够准确识别填写费用单据的费用详情、部门、抵扣类别、价税合计、金额、税率、税额等信息； ③ 掌握费用科目的账务处理； ④ 熟悉一些费用科目的特殊规定； ⑤ 完成平台里30张费用类单据测试
	工作任务二:票据录入-成本类单据	① 熟悉岗位职责； ② 掌握岗位认知能力； ③ 掌握成本的核算方法； ④ 掌握生产成本、销售成本的结转； ⑤ 了解企业成本与费用的区别,成本结转原则； ⑥ 完成平台里10张成本类单据测试

续表

模块	工作内容	技能目标
2. 工作领域一：财税共享	工作任务二：票据录入-工资类单据	① 熟悉岗位职责； ② 掌握岗位认知能力； ③ 掌握如何读取工资表，并能独立编制工资表； ④ 掌握工资的计提、发放的账务处理； ⑤ 完成平台里20张工资类单据测试
	工作任务三：财税审核	① 学会识别报税资料； ② 了解报税资料的意义； ③ 掌握报税资料与其他资料之间的关系； ④ 掌握审核会计审核要点、审核流程技能； ⑤ 掌握报表取数及报表数据分析的技能； ⑥ 掌握差错更正的方法； ⑦ 完成3家企业的全流程账务处理
	工作任务四：纳税申报-增值税	① 熟悉发票认证的途径、方法和意义； ② 掌握平台勾选认证的全流程操作； ③ 采用两种途径完成2个企业发票的认证工作 ① 熟悉增值税税收优惠政策； ② 掌握增值税的计算方法； ③ 掌握报表之间的勾稽关系； ④ 掌握增值税的申报流程和操作方法； ⑤ 完成1家小规模企业和1家一般人企业增值税申报
	工作任务四：纳税申报-附加税	① 熟悉附加税的优惠政策； ② 熟悉附加税的计税依据； ③ 掌握附加税的申报流程和操作方法； ④ 完成1家企业的附加税申报
	工作任务四：纳税申报-企业所得税	① 熟悉所得税税收优惠政策； ② 掌握所得税的计算方法和账务处理； ③ 掌握所得税的申报流程和操作方法； ④ 完成1家企业两个季度的所得税申报
	工作任务四：纳税申报-印花税	① 掌握印花税的优惠政策； ② 掌握印花税的计算； ③ 掌握印花税的申报

续表

模块	工作内容	技能目标
2. 工作领域一：财税共享	工作任务五：档案管理	① 能够按照档案管理的工作操作规范，打印单据、税务资料、合同等纸质资料，装订成册，并妥善保管； ② 能够按照档案管理的工作操作规范，熟练扫描增值税发票汇总表、认证结果通知书以及纳税申报表等税务相关资料并提交至档案管理系统； ③ 能够根据纸质档案情况建立纸质档案台账，与电子档案核对，保持一致； ④ 能够按照会计档案借阅制度严格执行档案的借阅管理，防止档案丢失或被篡改
3. 工作领域二：服务共享	工作任务一：企业设立、变更与注销	① 熟悉企业所在地设立登记、变更、注销等业务的政策及办理流程，熟悉本区域企业申请工商营业执照、组织机构代码证、税务登记证等五证（多证）合一办理手续及流程； ② 能够在相关平台上熟练完成企业设立登记、变更、注销等资料填报、提交和追踪工作，确保各业务事项高效完成； ③ 掌握准确收集企业所在地印鉴刻制的相关政策及办理流程，能熟练办理印鉴的刻制申请（或电子印鉴申请），根据制度做好印鉴的日常使用及保管工作； ④ 能够准确收集企业银行账户的开立、变更、撤销等办理手续和流程，能熟练办理银行账户开立变更、撤销等工作
	工作任务二：发票申领与使用	① 熟悉税控开票的流程及整个税控软件的使用； ② 掌握发票申领的整个流程； ③ 掌握如何在税控系统中增加、删除购买方信息； ④ 掌握商品和服务税收编码的含义，并完成税控系统的增加、删除； ⑤ 掌握红字发票信息表及红字发票的开具方法； ⑥ 掌握附销货清单发票、折扣发票等特殊发票的开具方法； ⑦ 完成增值税专用发票、普通发票、电子普通发票的开具
	工作任务三：社保公积金办理	① 掌握相关社保政策； ② 社保增员减员； ③ 社保申报； ④ 社保费计算与申报

续表

模块	工作内容	技能目标
4. 工作领域三：财务云智能技术应用（拓展）	工作任务一：智能识别 工作任务二：智能记账 工作任务三：智能审核	① 掌握影像管理、内容识别和纠正错误的方法和操作流程； ② 掌握智能自动记账、审核记账结果和特殊业务处理的操作流程； ③ 掌握智能票据审核和智能记账审核的操作流程； ④ 完成1家企业的全流程处理
5. 职业技能等级测评模拟考试		熟悉职业技能等级考试平台操作

表5.8 财务共享（中级）课程内容表

模块	工作内容	技能目标
1. 核算共享	（1）采购与付款核算	① 能够按照采购合同审核的工作规范，对其合法性、可行性进行审核，从财务角度对合同风险进行初步把关，并根据业务选择合适的付款方式； ② 能够按照审核要求对发票、付款申请单与合同上的付款金额等相关事项进行审核，按期提交至资金结算中心进行付款； ③ 能够按照企业会计准则、制度规定，对原始单据的真实性、完整性、合法合规性进行审核，复核财务云共享中心自动生成的相关凭证，并对差错进行处理； ④ 能够做好应付账款管理，根据合同规定把控付款进度，把控资金管理风险； ⑤ 能够严格遵守《企业会计准则》等相关法律法规和公司制度流程，具备与其他相关部门良好的沟通协作和信息获取能力，诚实守信，并对所经手数据保密
	（2）销售与收款核算	① 能够按照销售合同审核的工作规范，对其合法性、可行性进行审核，从财务角度对合同风险进行初步把关，并根据业务选择合适的收款方式； ② 能够按照会计准则、制度规定，对原始单据的真实性、完整性、合法合规性进行审核，复核财务云共享中心自动生成的相关凭证，并对差错进行处理； ③ 能够做好应收账款管理，根据合同规定把控收款进度，对逾期应收账款进行督促清理，防止坏账损失； ④ 能够严格遵守《企业会计准则》等相关法律法规和公司制度流程，具备与其他相关部门良好的沟通协作和信息获取能力，诚实守信，并对所经手数据保密

续表

模块	工作内容	技能目标
1. 核算共享	(3) 商旅与费用核算	① 能够根据企业报销制度和流程，监控财务共享中心通过商旅系统自动比对结果，复核自动生成的凭证，并对差错进行处理； ② 能够根据企业报销制度和流程，审核业务招待费、会议费、培训费等原始单据的完整性、合法合规性，复核财务共享中心自动生成的凭证，并对差错进行处理； ③ 能够根据企业报销制度和借款流程，办理员工借款、还款等业务，防止借款逾期带来的风险； ④ 能够定期组织修订费用类报销制度，梳理报销流程，确保达到风险管控要求； ⑤ 能够严格遵守《企业会计准则》等相关法律法规和公司费用报销制度，具备与其他相关部门良好的沟通协作和信息获取能力，坚持准则、客观公正，并对所经手数据保密
	(4) 薪酬核算	① 能够按照公司薪酬管理制度规定，根据人力资源部门提供的工资、考勤等相应薪资信息，复核工资、社保、公积金及个税计算的正确性，审核共享中心自动生成的凭证，并对差错进行处理； ② 能够审核各类薪酬结算，社保、公积金及个税的缴纳，加强风险管控； ③ 能够跟踪分析薪酬福利支出情况，协助人力资源部提出改善方案； ④ 能够严格遵守《企业会计准则》等相关法律法规和公司薪酬管理制度，具备与其他相关部门良好的沟通协作和信息获取能力，坚持准则、客观公正，并对所经手数据保密
	(5) 资金结算	① 能够处理现金相关业务及账务、监控支票使用情况、管控票据和印鉴，以及出具资金管理报表； ② 能够对银行账户进行统一管理，规范账户开立、使用流程，以及资金数据标准； ③ 能够建设畅通的结算渠道，对企业与客户、供应商的往来对账、结算工具进行规范和管理； ④ 能够对银行交易及账务信息进行核对和处理，并发布银企清查报告，用数据展示企业财资信息，为内部管理提供数据基础； ⑤ 能够严格遵守《票据法》《现金管理暂行条例》《银行结算办法》等相关法律法规和公司制度，廉洁自律、诚实守信，具备数据保密等相关职业道德

续表

模块	工作内容	技能目标
2. 流程管理	(1) 业务流程设计	① 能够根据流程管理的目标及内外部竞争环境的分析,寻找和识别达成目标所涉及的关键流程,并基于对流程的充分理解,准确定位制约流程效率的关键瓶颈; ② 能够熟悉《企业内部控制应用指引》关于销售、采购等业务的关键风险点,结合企业过往以及同行业曾经出现的与相关业务有关的舞弊案例,梳理出企业在相关业务方面可能存在的风险情况; ③ 能够根据企业可能存在的业务风险、企业的业务特点、行业特色设计出符合企业实际情况的业务流程,并熟练使用流程图设计工具画出业务流程图; ④ 具备发现问题解决问题,及良好的沟通能力,能够与相关业务部门领导及更高级别的管理层进行有效沟通,参与管理、强化服务
	(2) 业务流程实施	① 能够选拔能力强、经验丰富、对业务熟悉、具有创新能力的财务及业务骨干员工组成流程实施团队;选取流程管理效果比较显著、实施成功率较高、业务具有代表性的部门做试点; ② 能够制定推广计划,收集和汇总实施中的相关信息,在流程的时效、质量、成本等各个维度,与流程实施的绩效考核体系进行比对和分析,从而获取不断进行优化的数据基础和方向; ③ 善于钻研、勇于创新,具备良好的分析问题、解决问题的能力
	(3) 业务流程优化	① 能够深入了解企业盈利模式、管理体系、战略目标、业务及信息技术应用现状,定期形成分析报告; ② 能够及时收集相关人员对于流程的信息反馈,分析并解决实时过程中存在的问题; ③ 能够定期组织各部门针对现有业务流程进行深入分析和研究,找出业务流程中存在的问题,结合调研报告及最新信息技术,提出优化方案; ④ 能够将优化方案具体化,形成优化后的业务流程图,并协调业务、技术等相关部门改进; ⑤ 善于钻研、勇于创新,具备良好的分析总结能力

续表

模块	工作内容	技能目标
3. 财务云智能工具设计	（1）财务机器人功能需求整理	① 能够从大量重复、有明确规则的业务中发现财务机器人开发需求，并对相关需求进行分析、调研及规划； ② 能够根据财务机器人功能需求梳理出标准化的业务规则和流程，并整理成开发逻辑底稿和功能设计底稿； ③ 能够与业务人员充分沟通、反复研讨，不断完善逻辑底稿与功能设计底稿
	（2）财务机器人功能原型设计	① 能够根据功能设计底稿进行财务机器人界面设计； ② 能够使用 Office、Axure 等软件，绘制相关财务机器人功能界面原型设计图； ③ 能够与业务人员和技术人员协调沟通、反复研讨、修改完善功能原型设计图，达到可开发状态； ④ 善于学习、换位思考，能够从用户的使用场景里感知和挖掘用户真正的痛点；逻辑思维能力强，可以举一反三，更好地理解开发需求和应对需求变化
	（3）财务机器人开发沟通	① 能够与 UI 设计人员协调沟通，配合其将原型设计图转化为产品页面设计图； ② 能够与前端开发人员沟通，并持续跟进财务机器人前端页面开发工作进度； ③ 能够与后端开发人员沟通，并持续跟进财务机器人功能开发工作进度； ④ 能够参与测试，并与测试人员沟通，对财务机器人功能需求实现程度进行最终检测与确认，直至财务机器人上线； ⑤ 具备项目跟进能力，能够与软件技术部和 UI 设计部沟通协调和信息获取的能力

表 5.9 财务共享(高级)课程内容表

模块	工作内容	技能目标
1. 数据共享	(1) 报表管理	① 能够统筹规划报表管理工作,确保会计信息和会计报告的准确性、及时性; ② 能够编制各层级法定财务报表,能够进行报表填报,平衡试算; ③ 能够审核各业务单元报送的月度、季度、半年度及年度财务报表,编制财务情况说明书; ④ 能够对报表进行分类管理、存档备查,同时留存电子档案; ⑤ 仔细认真,善于学习和使用报表数据工具;增强服务意识,能够提供各种有助于决策的信息
	(2) 数据统计	① 能够根据企业集团或业务单元管理要求,熟练使用数据管理工具提取各类数据; ② 能够理解各类分析指标的含义,根据分析目标,建立分析模型,准确计算企业的盈利能力、偿债能力、营运能力、发展能力等各项财务或非财务指标; ③ 能够对各项指标的计算结果进行基础联动分析,为财务业务分析提供依据; ④ 具备数据思维及逻辑分析能力,善于学习和使用 Excel、Power BI、思维导图等工具;增强服务意识,能够与业务人员进行充分沟通,并为其提供分析数据,支持业务决策
	(3) 业务分析	① 能够根据管理需要和共享中心组织架构、运营模式,建立支持性业务分析体系; ② 能够根据业务分析体系制定管理制度、流程,设计表单模板,并根据流程制度的执行情况持续优化; ③ 能够根据业务管理要求,协助业务单元及企业集团完成各项业务、税务、预算、经营绩效等分析工作,并撰写相应分析报告,为管理层提供决策支持; ④ 具备全局观及系统思维能力,能够运用 SWOT、PEST、波特五力模型、战略地图等工具,能够根据管理需求,设计分析模型,得出分析结论,支持业务决策

续表

模块	工作内容	技能目标
2. 运营管理	(1) 服务标准设计	① 能够根据共享中心服务对象的业务范围,深入沟通确定服务需求,并将服务需求分类汇总; ② 能够针对不同类型的服务需求分类设计不同的服务标准,与服务对象沟通确认标准的可行性,并组织实施; ③ 能够在标准实施的过程中持续跟进服务对象的需求,以使得服务标准不断更新与完善; ④ 具备良好的沟通、创新能力,能够设计相应的服务考核标准,及时跟踪服务结果,并不断完善
	(2) 满意度评价	① 能够根据共享中心的服务标准和服务特点设计满意度评价指标、定义指标及权重; ② 能够根据服务标准建立满意度定期评价机制; ③ 能够运用新技术工具收集、汇总服务对象的满意度评价数据,分析并提出改进建议; ④ 具备服务意识、精益求精的精神,及良好的沟通、组织、协调及分析能力,能够根据不同业务,设计相应的客户满意度调查问卷,并进行汇总分析,提出相应的改进措施
	(3) 知识管理与培训	① 能够根据企业业务特点和管理要求来构建财务共享中心知识库,对知识内容和格式分类管理,并利用新技术创建企业知识地图; ② 能够根据财务共享中心培训制度规定,定期为不同级别、不同业务领域的员工进行制度、政策、平台操作等方面的培训; ③ 能够对所做的培训设计考核机制,实施考核,并对每次的培训效果及培训实施情况撰写培训报告
3. 财务云数字平台规划	(1) 财务信息系统规划	① 能够理解财务信息系统规划的基本原理和架构,梳理企业政策层、标准层、流程层和落地层各方面的信息,按照标准化的方法对管理制度、业务流程、财务数据等进行标准化设计; ② 能够理解财务信息系统规划的基本原理和架构,提出财务信息系统功能要求,与相关人员一起完成财务信息系统规划方案的撰写; ③ 在财务信息系统规划过程中,能够与其他相关部门、人员保持良好的沟通,并对规划工作进行完善

模块	工作内容	技能目标
3. 财务云数字平台规划	（2）可视化分析平台搭建	① 能够理解可视化数据分析平台搭建的基本原理，梳理企业经营数据，并按照管理需求，制定可视化分析平台搭建方案，并利用相关工具绘制系统界面原型设计图； ② 能够与业务人员和技术人员协调沟通、反复研讨、修改完善原型设计图，达到可开发状态； ③ 能够按照管理要求，对可视化分析平台的使用效果进行评价，整理总结优化方案，并跟进设计开发
	（3）日常数据监控	① 能够理解日常各业务节点的风险及数据关联度，按照企业管理要求，制定日常数据预警指标及日常数据监控方案； ② 及时处理预警时间，并能够以日、周、月为单位，对各项预警数据进行分类统计； ③ 能够以日、周、月为单位，对各项预警数据进行同比、环比分析，将异常数据情况，提交给相关部门进行处理； ④ 能够跟踪分析预警数据指标的合理性，根据企业实际情况，及时优化数据监控方案

5.2.5 学业质量

1. 学业质量内涵

一是具备 T 型知识结构，即具备财务和业务两方面的知识。财务知识掌握应该有深度，会计、税务、审计、管理、投融资知识都应掌握；业务知识掌握应该有广度，熟悉企业供产销过程，能迅速了解生产工艺流程，从而能为业务管理提供准确及时的信息。

二是具备管理会计思维，拥有数据分析能力。数据能力包括数据整理采集、分析、可视化展示等能力模块。拥有管理思维，才能准确捕捉数据，并从管理角度进行分析和可视化展示，从而为决策支持提供依据。

三是具备智能应用能力。未来财务会大量使用智能工具进行业务处理，财务人员不仅应能够熟练使用智能工具，还应具备智能意识，有意识并能够对大量重复可规范的业务进行总结,从而设计智能工具、风险管控系统等。

四是爱岗敬业、工匠精神、终身学习。环境瞬息万变,商业模式、信息技术更新迭代迅速,爱岗敬业、具备精益求精的工匠精神,才能在激烈的竞争中保持优势;具备自主学习能力,能够终身学习,才能适应环境的不断变化。

2. 学业质量水平

高等职业教育专科财务共享课程学业质量水平分为三级:初级、中级、高级,依次递进,高级别涵盖低级别的职业技能要求。每级水平主要表现为大学生整合财务共享学科核心素养,在不同的财务情境中运用各种会计理念、思维、方法和技能解决问题的关键特征。

财务共享服务(初级):在社会财务共享中心、企业集团财务共享中心或一般企业的票据管理、数据采集、会计核算、会计稽核、外勤、税务、运营支持等岗位,能够从事票据整理、信息录入、审核等基础会计核算工作,或在中小微企业的出纳、会计、稽核等岗位从事云会计核算、报表编制、会计档案管理、财务共享中心业务对接,或从事企业设立、变更、注销、社保公积金和资质证照办理、税务事项处理等工作。

财务共享服务(中级):在社会财务共享中心、企业集团财务共享中心或一般企业的各业务流程核算岗、运营支持岗,能够从事采购与付款、销售与收款、费用报销、薪酬核算,资金结算,业务流程设计与优化,智能财务工具设计需求整理等工作,或在企业财务部门从事会计核算、报表编制、纳税申报与管理、数据统计、财务共享中心业务对接等工作。

财务共享服务(高级):在企业集团财务共享中心或一般企业的报表管理、财务分析、运营管理岗从事财务报表出具、报表数据分析、业务与经营绩效分析,财务共享中心运营及绩效管理,数字平台搭建设计等工作,或在企业财务部门从事会计核算、报表出具、数据统计、财务分析、财务共享中心业务对接管理等工作。

5.2.6 课程实施

课程坚持把立德树人作为教学中心环节,把思想政治工作贯穿于教育教学全过程,使课程与思想政治理论课同向同行,实现"三全育人"的目的。

1. 教学要求

高等职业教育专科财务共享课程教学要紧扣学科核心素养和课程目标,在全面贯彻党的教育方针、落实立德树人根本任务的基础上,突出职业教育特色,提升大学生的会计信息素养,培养大学生的财务数字化学习能力和利用会计信息技术解决实际问题的能力。

(1) 立德树人,加强对大学生的情感态度和社会责任的教育

财务共享课程教学要落实立德树人的根本任务,贯彻课程思政要求,使大学生在纷繁复杂的信息社会环境中能站稳立场、明辨是非、行为自律、知晓责任。

各主题的教学要有意识地引导大学生关注会计信息、发现会计信息的价值,提高对会计信息的敏感度,培养大学生的会计信息意识,形成健康的会计行为。教师在教学过程中要通过实际事例、教学案例培养大学生的会计信息敏感度和对会计信息价值的判断力,通过具体的教学任务教会大学生定义和描述会计信息需求,并能规划解决问题的会计信息处理过程。本课程还要使大学生对会计信息系统的组成及其在生活、工作中发挥的作用具有清晰的认识,了解新一代会计信息技术促进经济社会现代化发展的作用。

教师要引导大学生直面问题,在思考、辨析、解决问题的过程中逐渐形成良好的会计信息社会责任意识。教师可在教学过程中引入典型会计信息事件,让大学生认识相关法律法规的重要性和必要性,要求大学生在面对困境时,能基于相关法律法规和伦理道德准则,做出理性的判断和负责的行动。

(2) 突出技能,提升大学生的会计信息技术技能和综合财务应用能力

财务共享课程要重点培养大学生的会计信息技术实际操作能力。学习该课程,大学生能理解财务数字化学习环境、会计数字化凭证资源和会计信息系统的特点,能熟练使用各种会计信息系统对财务信息进行加工、处理和展示交流,为大学生的会计信息技术技能与专业能力融合发展奠定基础。通过本课程学习,大学生应具备在财务数字化环境下解决工作中的实际问题的能力。在课堂教学中,教师要采用理论与实践相结合的教学方式,让大学生在做中学、学中做,使大学生通过完成具体任务熟练掌握会计信息技术实际操作技能,并不断提高操作效率。

财务共享课程要培养大学生的综合应用能力。教师在做教学设计时,要以会计思维为内在线索,结合综合教学案例和项目实践,让大学生反复亲历会计思维的全过程,将知识、技能、意识、经验等融会贯通,体会从会计信息化角度分析问题的方法和解决问题的具体路径,逐渐形成运用会计信息技术解决问题的综合能力。

(3) 创新发展,培养大学生的财务数字化学习能力和创新意识

在教学过程中,教师要根据大学生的学习基础,创设适合大学生的财务数字化环境与活动,引导大学生开展自主学习、协作学习、探究学习,并进行分享和合作;使大学生能够利用财务数字化资源与工具,完成学习任务。教师要引导大学生根

据自身需要,自主设计学习路径,创设学习环境,形成自主开展财务数字化学习的能力和习惯。教师要培养大学生的创新意识,使大学生能将会计信息技术创新应用于日常学习和工作中。

2. 学业水平评价

本部分内容同5.1.6小节中第2点学业水平评价内容。

3. 教材编写要求

本部分内容同5.1.6小节中第3点教材编写要求内容。

4. 课程资源开发与学习环境创设

本部分内容同5.1.6小节中第4点课程资源开发与学习环境创设内容。

5. 教师团队建设

高等职业教育专科财务共享(初级)教师要牢固树立良好的师德师风,符合教师专业标准要求,具有一定的财务共享实践经验和良好的课程教学能力。

教师团队建设的具体要求内容同5.1.6小节中第5点的6条要求。

6. 课程实施要求

高等职业教育专科学校要落实国家关于财务共享课程教育的最新要求,加快实现师生会计素养普遍提高的发展目标。学校要重视落实本课程标准,关注大学生会计素养的发展水平,开展学业质量水平测试,对课程教学效果开展监测,努力实现人才培养目标。

学校要为课程教学提供必要的设备设施,保障基本教学条件,满足本课程标准的实施要求,支持大学生开展数字化学习。学校应结合本地区产业发展和专业教学的需要,立足大学生实际,精选拓展模块内容,打造精品课程。学校可依据各专业的特点,将实际业务应用到专业实际教学中,支持高水平、有特色的高素质技术技能型人才培养。

5.3 纳税实务课程标准

5.3.1 课程性质与任务

1. 课程性质

本课程是会计信息管理专业的一门专业核心课程。以企业报税岗位的典型工作模块和纳税工作流程为依据设置,学习增值税、消费税、关税、企业所得税、个人所得税以及其他税种的办税业务,旨在培养大学生具有综合纳税业务处理能力,具备良好的职业道德和个人修养,以满足社会对技能型人才的需求。

2. 课程任务

本课程也是1+X职业技能等级证书关联课程。课程主要讲授增值税、消费税、关税、企业所得税、个人所得税等各税种的计算、纳税申报与账务处理;着重培养大学生税费的计算、申报和涉税业务的会计处理能力。通过学习本课程,培养大学生的守法意识和对企业各税种的具体计算、账务处理、纳税申报工作等能力,对纳税筹划、税务检查、税务代理能力的培养起着综合和提升作用。

课程按税种设计教学项目,在课程内容的组织上,根据税务会计岗位的工作过程来组织教学内容,采用理实一体的教学方法,由大学生逐项完成各税种税款的计算、申报表的填写和会计核算模块。在不断地练习和模拟操作中,达到理论与实践相统一、各项知识的融会贯通。

5.3.2 学科核心素养与课程目标

1. 学科核心素养

学科核心素养是学科育人价值的集中体现,是大学生通过课程学习与实践所掌握的相关知识和技能,以及逐步形成的正确价值观、必备品格和关键能力。高等职业教育专科纳税实务课程学科核心素养主要包括纳税意识、财税思维、纳税创新与发展、税收社会责任四个方面。

(1) 纳税意识

纳税意识是指个体在正确了解税收对国家建设和社会发展的作用，在提高对国家和社会责任感的基础上产生的照章纳税的意愿。具备纳税意识的大学生，能了解税收在现代社会中的作用与价值，把纳税作为生活中不可或缺的一部分，建立牢固的税收观念，主动履行纳税义务，坚持诚信纳税；自觉地依法进行税务登记，按期进行纳税申报，足额缴纳税款。

(2) 财税思维

财税思维是指个体在问题求解的过程中，运用财会和税务的思想与实践方法所产生的一系列思维活动。具备财税思维的大学生，能利用所学的财税知识处理问题，能综合利用各种财税信息资源、科学方法和大数据智能财税技术解决问题，能将这种解决问题的思维方式迁移运用到职业岗位与生活情境的相关问题解决过程中。

(3) 纳税创新与发展

纳税创新与发展是指个体综合利用相关纳税资源，完成学习任务并具备创造性地解决问题的能力。具备纳税创新与发展素养的大学生，能理解大数据智能财税学习环境的优势和局限，能从税收角度分析问题的解决路径，并将纳税实务与所学专业相融合，通过创新思维、具体实践使问题得以解决；能合理运用大数据智能财税资源与工具，养成学习与实践创新的习惯，开展自主学习、实践，形成可持续发展的能力。

(4) 税收社会责任

税收社会责任是指在信息社会中，个体在文化修养、道德规范和行为自律等方面应尽的责任。具备税收社会责任的大学生，在生活和工作中都能遵守相关法律法规，信守依法纳税的社会的道德与伦理准则；具备较强的纳税意识和能力，能有效维护涉税信息活动中个人、他人的合法权益和信息安全；关注纳税创新所带来的社会问题，对纳税创新所产生的新观念和新事物，能从社会发展、职业发展的视角进行理性的判断和负责的行动。

2. 课程目标

通过本课程的学习，了解会计法规和企业会计准则的相关规定，能初步具备核算企业主要经济业务的职业能力，达到会计从业人员的相关要求，养成诚实守信、严谨细致的工作态度。本课程面向岗位有：中小企业税务管理岗位、中小企业财务主管岗位、社会中介机构税务服务岗位。

通过以项目为单元的教学活动,使大学生掌握税金计算、纳税申报和涉税会计处理的基本知识和基本技能,能解决税务登记、纳税申报、税款缴纳过程中的实际问题,完成本专业相关岗位的工作模块。

(1) 职业素质养成目标

① 培养自觉维护国家利益、社会公共利益和集体利益的职业意识;

② 培养法制观念和依法纳税的意识;

③ 培养认真、细致、严谨、积极进取的工作作风和敬业精神,形成良好的工作习惯;

④ 具有创新精神和团队协作精神。

(2) 基本知识教学目标

① 了解我国现行税制的概况;

② 理解主要税种的含义及征税范围;

③ 掌握主要税种应纳税金的计算方法;

④ 熟悉税务会计处理中会计科目的核算内容和账簿的登记方法;

⑤ 了解相关法规规定及有关金融知识。

(3) 职业能力培养目标

① 具备基本的办税员操作技能;

② 具有对企业发生的各项涉税经济业务做出职业判断并进行账务处理的能力;

③ 具有根据企业设立与经营、筹资、投资、投资等系列活动以及各种会计方法的选择进行简单的税务筹划;

④ 具有独立办理纳税申报的能力;

⑤ 具有根据变化的会计、税法环境进行自我学习与知识自我更新、补充的能力;

⑥ 具有基本的人际沟通与协作能力。

5.3.3 课程结构

根据高等职业教育专科纳税实务课程目标,确定课程模块与学时安排。

1. 课程模块

本课程运用了基于工作过程开发课程的理念,将企业办税员在处理纳税业务时的工作模块分解为认知(税收的有关法规、企业纳税的相关会计要素、从业人员必须具备的基本素质)、计算(税率、公式、税额计算)、申报(程序、表格等)、缴纳(过程)、做账、策划;同时结合工作领域(不同税种)进行课程结构设计,又将企业实际进行纳税时的工作分解为增值税、消费税、关税、企业所得税、个人所得税等主要税种,并将计算、申报、缴纳等工作模块嵌入上述税种的学习之中。课程内容模块设置突出了重点,消化了难点,既符合大学生学习认知的逻辑,又应对了实际工作过程的逻辑。

课程模块分析见表 5.10。

表 5.10 课程模块分析表

工作模块	工作过程要素		主要工作领域					
			增值税	消费税	关税	企业所得税	个人所得税	其他税种
认知	内容要素	知识	税收概念与特征					
			税法与税收法律制度构成要素					
			税务登记管理、账簿、凭证管理和纳税申报					
			税款征收方式、措施及其法律责任					
			一般纳税人、小规模纳税人的概念	应税消费品范围,从价计税、从量计税、复合计税的概念	进口、出口货物的征税范围、税目	居民、非居民企业概念	个人9种所得税的含义及征税范围	资源税、土地增值税、房产税、车船税、城镇土地使用税、印花税、城市维护建设税及教育费附加的征税范围
		能力	学习和理解、运用税收法律制度基本方法					
			纳税范围定位					
			区分不同类型纳税对象					
		素质	诚实、守法、谨慎、客观、细致、认真、守时、耐心					
	情境要素	条件	税务教学软件、法律文本、参考教材、网络、电脑					
		环境	财务部门工作平台、税务局纳税大厅					
		场景	生产型企业或商业型企业	生产型企业	生产型企业或商业型企业	生产型企业或商业型企业	生产型企业或商业型企业	资源开采型企业、房地产开发企业、生产型企业或商业型企业

续表

工作模块	工作过程要素		主要工作领域					
			增值税	消费税	关税	企业所得税	个人所得税	其他税种
计算	知识		不同类型增值税税率	不同纳税人消费税率	进口、出口货物关税税率	不同类型企业应纳所得税率	不同形式的个人所得税率	不同税种的税率
			不同纳税人应纳税额的计算公式，增值税专用发票的要素	不同计税方式消费税额计算公式	进口、出口货物关税额计算公式	不同类型企业应纳所得税额计算公式	不同形式的个人所得税额计算公式	不同税种的税额计算公式
	能力		根据不同纳税人计算应纳税额，准确开具增值税专用发票	根据不同计税方式计算应税消费品应纳消费税额	根据进口、出口货物计算应纳关税税额	根据不同类型企业计算企业应纳所得税额	根据不同形式个人所得及所得额计算应纳所得税额	根据不同税种计算应纳税额
	情境要素	条件	税务教学软件、法律文本、参考教材、网络、电脑、"1+X"智能财税平台					
		场景	生产型企业或商业型企业	生产型企业	生产型企业或商业型企业	生产型企业或商业型企业	生产型企业或商业型企业	资源开采型企业、房地产开发企业、生产型企业或商业型企业
申报缴纳	知识		申报表格式、要素，不同税种的缴纳程序					
			不同税种、不同纳税人、不同计税方式、不同行业、不同类型企业、不同所得方式申报的特殊要求					
	能力		根据不同税种、不同纳税人、不同计税方式、不同行业、不同类型企业、不同所得形式填写申报表					
			根据不同税种要求按时申报、如数缴纳					
	情境要素	条件	税务教学软件、网络、电脑、法律文本、参考教材、"1+X"智能财税平台、个税 APP					
		环境	财务部门工作平台、税务局纳税大厅、税收征管科					
		场景	生产型企业或商业型企业	生产型企业	生产型企业或商业型企业	生产型企业或商业型企业	生产型企业或商业型企业	资源开采型企业、房地产开发企业、生产型企业或商业型企业

续表

工作模块	工作过程要素	主要工作领域					
		增值税	消费税	关税	企业所得税	个人所得税	其他税种
账务处理	知识	不同税种在计税、代扣、申报缴纳、减免、退补时涉及的会计科目					
	能力	对各种税种计税、代扣代缴税款、申报缴税和收到退补税时进行账务处理					
筹划	知识	纳税筹划的概念与意义、纳税筹划的主要方法					
	能力	制定企业流转税和所得税等税类的筹划方案					

2. 课程学时

为了充分体现项目驱动、实践导向课程思想,将本课程的教学活动分解设计成7个项目,以项目为单位组织教学,以典型案例为载体。操作技术为核心,辅助相关专业理论知识,培养大学生的综合职业能力,满足大学生就业与发展的需要。本课程建议为64~72课时,各模块的具体学时,由各地区、各学校根据国家有关要求,结合实际情况自主确定。具体学时安排见表5.11。

表 5.11 纳税实务学时安排表

序号	课程	学时
1	纳税基础	64~72
2	增值税纳税实务	
3	消费税纳税实务	
4	关税纳税实务	
5	企业所得税纳税实务	
6	个人所得税纳税实务	
7	其他税种纳税实务	

5.3.4 课程内容

1. 纳税基础

纳税基础是纳税实务的重要组成部分,广泛应用于人们日常各项税收工作。本主题包含税收认识、税收征收管理等内容。

(1) 内容要求

① 掌握税收的概念；

② 掌握税收的特征；

③ 掌握税收的职能；

④ 熟悉税收的分类；

⑤ 理解税法的概念以及税法、宪法、民法和刑法的关系；

⑥ 掌握税收法律关系；

⑦ 熟悉税法的分类；

⑧ 掌握税收实体法的构成要素；

⑨ 掌握税务登记、账簿和凭证及发票管理；

⑩ 掌握纳税申报、税款征收等税收征管知识。

(2) 教学提示

本主题的教学建议与实际案例相结合，案例的选取应贴近生活、贴近学习、贴近工作，在教学中注重使大学生理解并熟悉税收的基础知识，可采用"任务描述→案例讲解→任务实现"的形式组织教学。

关于税收的认识，可从讲解日常生活中衣、食、住、行等方面的案例着手，让大学生了解自己所接受的医疗服务、享受的教育服务都和税收有着密不可分的联系，税收就是国家聚众人之财、办众人之事。

关于税法的认识，我国现行税法体系由税收实体法体系和税收程序法体系构成，列举我国现行征收的18个税种，讲述税收实体法的构成要素，使大学生熟悉并掌握税法的概念及税法的法律关系等。

关于税收征收的管理等内容，可让大学生思考如何注册一家公司或个体户等问题，并让大学生按照自己家乡所在地标准进行网络检索或者询问相关人员，将基本流程、所需材料等整理成相应文字资料，上传到相应的纳税实务的课程云平台。通过教师点评、大学生互评等方式帮助大学生理解税收征管知识。

2. 增值税纳税实务

增值税纳税实务是纳税实务的重要组成部分，增值税是对在我国境内销售货物或者提供加工修理、修配劳务以及进口货物的单位和个人就其销售货物、提供应税劳务、发生应税行为的增值额和货物进口金额为计税依据而课征的一种流转税，其应用场景非常广泛。本主题包含增值税认知、计算增值税、增值税会计处理、增值税纳税申报、增值税的出口退（免）税等内容。

(1) 内容要求

① 理解增值税的概念、类型及特点；

② 了解增值税的纳税人和扣缴义务人；

③ 理解并掌握增值税的征税范围、一般规定和特别规定；

④ 理解并掌握增值税的税率和征收率；

⑤ 理解并掌握增值税一般计税方法与简易计税法的计算；

⑥ 了解并理解增值税法定免税项目、起征点等税收优惠；

⑦ 了解增值税发票的使用和管理；

⑧ 理解并掌握增值税的申报与缴纳。

(2) 教学提示

本主题的教学建议与实际案例相结合，案例的选取应贴近生活、贴近学习、贴近工作，在教学中注重使大学生理解并掌握增值税的纳税申报，可采用"任务描述→案例讲解→任务实现"的形式组织教学。

关于增值税的认知，可对比讲解货物、劳务、服务、无形资产及不动产等方面的内容，以分组讨论、网络搜索等方式进行案例讲解，让大学生掌握增值税的纳税人和扣缴义务人、征税范围、税率和征收率及税收优惠等内容。

关于增值税的计算，可模拟单位实际业务，具体分析简易计税方法、一般计税方法、进口增值税计算、差额计税等特殊规定，使大学生熟悉并掌握增值税的计算方法，理解《增值税暂行条例实施细则》等内容。

关于增值税的会计处理等内容，可让大学生通过《纳税实务》MOOC提前预习。

设计任务：一般纳税人会计科目如何设置？小规模纳税人会计科目如何设置？组织大学生分组讨论，教师点评，逐步引入"应交税费——应交增值税"的会计处理。

设计案例：让大学生将增值税会计处理的资料整理上传到相应纳税实务的课程云平台。通过教师点评、大学生互评等方式帮助大学生理解增值税的会计处理。

关于增值税的纳税申报及增值税的出口退（免）税等内容，可适用1+X智能财税等模拟软件，进行虚拟网上纳税申报流程及注意事项；设置各类任务清单，让大学生体会会计工作中实事求是的精神，体验如实地填报，掌握纳税申报方法及出口退税申报。

3. 消费税纳税实务

消费税纳税实务是纳税实务的重要组成部分。根据《中华人民共和国消费税暂行条例》(以下简称《消费税暂行条例》)规定,消费税是对在我国境内生产、委托加工和进口特定消费品的单位和个人就其销售额或销售量征收的一种税。简单地说,消费税是对特定的消费品和消费行为征收的一种税,另外还包括国务院确定的销售应税消费品,如零售金银首饰等。本主题包含消费税认知、消费税计算、消费税会计处理、消费税纳税申报等内容。

(1) 内容要求

① 理解消费税的概念及特点;

② 理解并掌握消费税的纳税人和征税范围;

③ 理解并掌握消费税的税率和征收率;

④ 理解并掌握消费税 15 个税目及其适用的税率;

⑤ 理解消费税从量定额、从价定率的计税依据,掌握消费税应纳税额的计算;

⑥ 了解消费税纳税环节、纳税义务发生时间、纳税期限及纳税地点等内容。

(2) 教学提示

本主题的教学建议与实际案例相结合,案例的选取应贴近生活、贴近学习、贴近工作,在教学中注重使大学生理解并掌握消费税的纳税申报,可采用"任务描述→案例讲解→任务实现"的形式组织教学。

关于消费税的认知,可从烟、酒、超豪华小汽车、珠宝首饰、成品油、木制一次性筷子等方面,以设计分组讨论、网络搜索等方式进行对比分析,让大学生掌握消费税的纳税人和征税范围等内容。

关于消费税的计算,可模拟单位实际业务设计任务,分组讨论销售应税消费品、自产自用应税消费品、委托加工应税消费品、进口应税消费品等税费的计算方法,使大学生熟悉并掌握相关知识。

关于消费税的会计处理等内容,可让大学生通过《纳税实务》MOOC 提前预习。

设计任务:如何进行销售应税消费品的会计处理?如何进行消费税视同销售的会计处理?如何进行委托加工应税消费品的会计处理?如何进行进口应税消费品的会计处理?组织大学生分组讨论,教师点评,逐步引入"应交税费——应交消费税"的会计处理。

设计案例:让大学生将案例解答消费税的会计处理资料上传到相应纳税实务的课程云平台,通过教师点评、大学生互评等方式帮助大学生理解消费税的会计处理。

关于消费税纳税的申报等内容,可适用比较学习法。对比增值税学习,使用1+X智能财税等模拟软件,进行虚拟网上纳税申报流程及注意事项;设置各类任务清单,让大学生体会消费税纳税义务时间、纳税期限、纳税地点、纳税申报表的填制等工作。

4. 关税纳税实务

关税纳税实务是纳税实务的重要组成部分。关税是指一国海关根据该国法律规定,对通过其关境的进出口货物课征的一种税收。关税在各国一般属于国家最高行政单位指定税率的高级税种,对于对外贸易发达的国家而言,关税往往是国家税收乃至国家财政的主要收入。本主题包含认识海关和关税、关税计算、关税会计处理、关税纳税申报等内容。

(1) 内容要求

① 理解关税的概念、特点及分类;
② 掌握关税的纳税人和征税范围;
③ 了解关税的税收优惠,熟悉并掌握关税的税率及其运用;
④ 掌握不同的进口方式完税价格的确定,出口货物的完税价格确定;
⑤ 熟悉并掌握从价税、从量税、复合税、滑准税应纳税额的计算;
⑥ 了解法定减免税、特定减免税、个人邮寄物品减免税的税收优惠;
⑦ 掌握关税缴纳、关税的补征和追征,熟悉关税的强制执行。

(2) 教学提示

本主题的教学建议与实际案例相结合,案例的选取应贴近生活、贴近学习、贴近工作,在教学中注重使大学生理解并掌握关税的纳税申报,可采用"任务描述→案例讲解→任务实现"的形式组织教学。

关于关税的认知,可从烟、酒、超豪华小汽车、珠宝首饰、成品油、木制一次性筷子等方面,以设计分组讨论、网络搜索等方式进行对比分析,让大学生掌握关税的纳税人和征税范围等内容。

关于关税的计算,可模拟单位实际业务设计任务,分组讨论销售应税消费品、自产自用应税消费品、委托加工应税消费品、进口应税消费品等税费的计算方法,使大学生熟悉并掌握关税的计算方法。

关于关税的会计处理等内容,可让大学生通过《纳税实务》MOOC提前预习。

设计任务:如何进行销售应税消费品的会计处理?如何进行关税视同销售的会计处理?如何进行委托加工应税消费品的会计处理?如何进行进口应税消费品的会计处理?组织大学生分组讨论,教师点评,逐步引入"应交税费——应交进口关税""应交税费——应交出口关税"的会计处理。

设计案例:让大学生将案例解答关税的会计处理资料上传到相应纳税实务的

课程云平台,通过教师点评、大学生互评等方式帮助大学生理解关税的会计处理。

关于关税的纳税申报等内容,可适用比较学习法。对比增值税学习,使用1+X智能财税等模拟软件,进行虚拟网上纳税申报流程及注意事项;设置各类任务清单,让大学生体会关税纳税义务时间、纳税期限、纳税地点、纳税申报表的填制等工作。

5. 企业所得税纳税实务

企业所得税纳税实务是纳税实务的重要组成部分。在中华人民共和国境内,企业、事业单位、社会团体和其他取得收入的组织(以下统称企业)为企业所得税的纳税义务人。个人独资企业、合伙企业不适用企业所得税法。本主题包含认识企业所得税、企业所得税计算、企业所得税会计处理、企业所得税纳税申报等内容。

(1) 内容要求

① 理解企业所得税纳税义务人、征税对象、税率;

② 了解国家规定的不征税收入和免税收入的内容,以及税前准予部分或全部扣除的项目;

③ 理解并掌握企业所得税中的亏损弥补、非居民企业的应纳税所得额的计算;

④ 理解并掌握资产的税务处理,包括:固定资产、生物资产、无形资产、存货资产、投资资产及长期待摊费用的税务处理;

⑤ 理解应纳税额的计算中抵免限额的规定,掌握应纳税额的计算方法;

⑥ 熟悉并掌握各种税收优惠的范围及其计算;

⑦ 了解特别纳税调整的范围,掌握关联方之间关联业务的税务处理;

⑧ 掌握企业所得税的申报与缴纳。

(2) 教学提示

本主题的教学建议与实际案例相结合,案例的选取应贴近生活、贴近学习、贴近工作,在教学中注重使大学生理解并掌握企业所得税的纳税申报,可采用"任务描述→案例讲解→任务实现"的形式组织教学。

关于企业所得税的认知,可通过设计任务,对比某有限责任公司、某股份有限公司、某厂、某合伙企业、某个人独资企业等不同单位的情况,安排大学生以分组讨论、网络搜索等方式进行案例分析,让大学生掌握企业所得税的纳税义务人和征税对象和税率等内容。

关于企业所得税的计算,可模拟单位实际业务,设计任务,分组讨论企业利润的计算与企业所得税中的应纳税所得额的计算,引入准予扣除的项目和部分扣除项目的具体范围标准,对比分析,使大学生熟悉并掌握企业所得税的计算方法。

关于企业所得税的会计处理等内容,可让大学生通过《纳税实务》MOOC 提前预习。

设计任务:如何区分会计利润与税法利润?如何区分暂时性差异与非暂时性差异?如何区分可抵扣暂时性差异与应纳税暂时性差异?如何区分递延所得税资产和递延所得税负债?组织大学生分组讨论,教师点评,逐步引入"所得税费用""递延所得税资产""递延所得税负债"科目。

设计案例:通过案例讲解帮助大学生理解企业所得税的会计处理。

关于企业所得税纳税申报等内容,可适用比较学习法。对比增值税学习,使用1+X 智能财税等模拟软件,进行虚拟网上纳税申报流程及注意事项;设置各类任务清单,让大学生体会企业所得税扣缴、纳税地点、纳税申报表的填制等工作。

6. 个人所得税纳税实务

个人所得税纳税实务是纳税实务的重要组成部分。个人所得税是对自然人取得的各项应税所得为征税对象所征收的一种税。本主题包含认识个人所得税、个人所得税计算、个人所得税会计处理、个人所得税纳税申报等内容。

(1) 内容要求

① 理解个人所得税纳税人的纳税义务判定和所得来源地的确定;

② 理解并掌握个人所得税中各种征税对象的判定;

③ 理解并掌握个人所得税中的综合所得、经营所得、利息、股息、红利所得、财产租赁所得、财产转让所得和偶然所得税率的计算范围;

④ 理解并掌握应纳税所得额的确定方式;

⑤ 掌握综合所得、经营所得、利息、股息、红利所得、财产租赁所得、财产转让所得和偶然所得应纳税额的计算方法;

⑥ 熟悉并掌握各种税收优惠的范围及其计算;

⑦ 掌握个人所得税申报与缴纳。

(2) 教学提示

本主题的教学建议与实际案例相结合,案例的选取应贴近生活、贴近学习、贴近工作,在教学中注重使大学生理解并掌握个人所得税的纳税申报,可采用"任务描述→案例讲解→任务实现"的形式组织教学。

关于个人所得税的认知,可通过设计任务,对比负无限纳税义务人与负有限纳税义务人,安排大学生以分组讨论、网络搜索等方式进行分析,帮助大学生掌握个人所得税的纳税义务人等知识点,同时设计大学生就业的工资薪金等收入,引导大学生明确哪些收入应交个人所得税及相关的税率。

关于个人所得税的计算，可模拟单位实际业务，设计任务，分组讨论综合所得应纳税额的计算，经营所得应纳税额的计算，利息、股息、红利所得应纳税额的计算，财产租赁所得应纳税额的计算，财产转让所得应纳税额的计算，偶然所得应纳税额的计算等，以大学生互评的方式，使大学生熟悉并掌握个人所得税的计算方法。

关于个人所得税的会计处理等内容，可让大学生通过《纳税实务》MOOC提前预习。

设计任务：比较单位代扣代缴个人所得税与单位代扣代缴其他所得的会计处理，组织大学生分组讨论，教师点评，逐步引入"应交税费——应交个人所得税"科目。

设计案例：通过案例讲解使大学生理解个人所得税的会计处理。

关于个人所得税纳税的申报等内容，可使用1+X金税财务应用等模拟软件，进行虚拟网上纳税申报流程及注意事项；设置各类任务清单，让大学生体会个人所得税扣缴申报表的填制等工作。

7. 其他税种纳税实务

其他税种纳税实务是纳税实务的重要组成部分，主要包括：资源税、土地增值税、房产税、城镇土地使用税、车辆购置税、印花税、契税、车船税、城市维护建设税及教育费附加等纳税实务。本主题包含认识其他税种、其他税种应纳税额的计算、其他税种会计处理、其他税种纳税申报等内容。

（1）内容要求

① 理解并掌握资源税的纳税义务人、征收范围、税率及其会计核算；

② 理解并掌握土地增值税的纳税义务人、征收范围、税率及其会计核算；

③ 理解并掌握房产税的纳税义务人、征收范围、税率及其会计核算；

④ 理解并掌握城镇土地使用税的纳税义务人、征收范围、税率及其会计核算；

⑤ 理解并掌握车辆购置税的纳税义务人、征收范围、税率及其会计核算；

⑥ 理解并掌握印花税的纳税义务人、征收范围、税率及其会计核算；

⑦ 理解并掌握契税的纳税义务人、征收范围、税率及其会计核算；

⑧ 理解并掌握车船税的纳税义务人、征收范围、税率及其会计核算；

⑨ 理解并掌握城市维护建设税及教育费附加的纳税义务人、征收范围、税率及其会计核算；

⑩ 掌握其他税种的纳税申报。

(2) 教学提示

本主题的教学建议与实际案例相结合,案例的选取应贴近生活、贴近学习、贴近工作,在教学中注重使大学生理解并掌握其他税种的纳税申报,可采用"任务描述→案例讲解→任务实现"的形式组织教学。

关于其他税种的认知,可设计任务,如"盐"是否征收资源税?房屋租赁收入是否要交房产税?房产税和土地增值税是一样的吗?现在新能源车还要征收车船税吗?股票交易有没有印花税?等问题,安排大学生以分组讨论、网络搜索等方式进行分析,让大学生掌握其他税种的纳税义务人等知识点,同时引导大学生明确其他税种的征收范围及相关的税率。

关于其他税种的计算,可模拟单位实际业务,设计任务,分组讨论应纳税额的计算,比如:资源税计算是依据从价计征还是依据从量计征?印花税是适用比例税率还是适用定额税率计算?车船税是按照自重吨数还是净吨位数计算?在计算土地增值税时旧房的评估价格标准时,房产税是按照原值计算还是按租金收入计算?通过大学生互评的方式,使大学生熟悉并掌握其他税种的计算方法。

关于其他税种的会计处理等内容,可让大学生通过《纳税实务》MOOC 提前预习。

设计任务:比较其他税种的会计处理,组织大学生分组讨论,教师点评,逐步引入"应交税费——应交城市维护建设税""应交税费——教育费附加""应交税费——应交资源税""应交税费——应交房产税""应交税费——应交土地增值税""应交税费——应交车船税""应交税费——应交印花税"等。最后组织大学生将其他税种建立会计处理的表格,通过相关内容的比较,激发大学生的学习兴趣,同时加深理解其他税种会计处理的知识。

关于其他税种纳税的申报等内容,可使用各税种的申报清单模拟实际业务申报流程,进行申报纳税;设置各类任务清单,让大学生模拟体验其他税种扣缴申报表的填制等工作。

5.2.5 学业质量

1. 学业质量内涵

学业质量是大学生在完成本课程学习后的学业成就表现。高等职业教育专科大学生学业质量标准是以本课程学科核心素养内涵及具体表现为主要维度,结合课程内容,对大学生学业成就表现的总体刻画(见表 5.12)。

表 5.12 纳税实务学业质量内涵表

核心素养	内涵	具体表现
纳税意识	了解纳税素养在现代社会中的作用与价值,主动地寻求恰当的方式分析纳税信息,以有效的方法和手段判断纳税信息的可靠性、真实性、准确性,对纳税可能产生的影响进行预期分析,自觉地充分利用税收信息解决生活、学习和工作中的实际问题,具有团队协作精神,具备牢固的税收观念	• 理解税收的概念和意义,对税收信息具有敏感度; • 能定义和描述纳税需求; • 掌握税收的政策,并将其与具体问题相联系; • 能对纳税可能的影响进行判断
财税思维	具备财税思维的大学生,能利用所学的财税知识处理问题,能综合利用各种财税信息资源、科学方法和大数据智能财税技术解决问题,能将这种解决问题的思维方式迁移运用到职业岗位与生活情境的相关问题解决过程中	• 掌握财会和税务思维的基本概念,并能用来思考问题; • 具备解决问题过程中的形式化、模型化、自动化能力; • 能使用大数据智能财税技术工具,结合所学专业知识,运用财税思维形成生产、生活情境中的融合应用解决方案
纳税创新与发展	能理解大数据智能财税学习环境的优势和局限,能从税收角度分析问题的解决路径,将纳税实务与所学专业相融合,通过创新思维、具体实践使问题得以解决;能合理运用大数据智能财税资源与工具,养成学习与实践创新的习惯,开展自主学习、实践,形成可持续发展能力	• 能进行财税的信息获取(学习)环境创设; • 能进行财税信息资源的获取、加工和处理; • 能以多种互联网+大数据方式对财税信息、知识进行展示交流; • 能创造性地运用大数据智能财税资源和工具解决实际问题; • 能清晰描述纳税实务在本专业领域的典型应用案例
税收社会责任	在生活和工作中都能遵守相关法律法规,信守依法纳税的社会的道德与伦理准则;具备较强的纳税意识和能力,能有效维护涉税信息活动中个人、他人的合法权益和信息安全;关注纳税创新所带来的社会问题,对纳税创新所产生的新观念和新事物,能从社会发展、职业发展的视角进行理性的判断和负责的行动	• 了解相关法律法规并自觉遵守; • 了解伦理道德准则,规范日常纳税行为; • 具备纳税信息安全意识和相关判断能力

2. 学业质量水平

高等职业教育专科纳税实务课程学业质量水平分为两级，每级水平主要表现为大学生整合纳税实务学科核心素养，在不同复杂程度的情境中运用各种重要概念、思维、方法和技能解决问题的关键特征。具体表述见表 5.13。

表 5.13 学业质量水平标准表

核心素养	水平一	水平二
纳税意识	·理解税收的基本概念，了解税收的法律关系； ·针对简单任务需求，能确定所需纳税信息的形式和内容，知道纳税信息获取渠道； ·能初步掌握纳税信息的常用处理方法，并能针对具体问题选择恰当的纳税信息处理方法； ·对纳税实务在人们生活、学习和工作中的重要作用有一定认识； ·了解新一代纳税工具，对新纳税工具服务经济社会现代化发展有一定认识	·理解纳税数据、纳税信息等概念，了解纳税知识管理体系，对纳税信息具有较强的敏感度； ·针对具体任务需求，能准确定义所需纳税信息，并能描述纳税信息需求； ·能依据不同的任务需求，主动地比较不同的纳税信息源，确定合适的纳税信息获取渠道； ·能自觉地对所获纳税信息的真伪和价值进行判断，对纳税信息进行处理； ·能针对具体问题，确定恰当的纳税实务处理方法，选择合适的工具辅助解决问题； ·充分认识纳税信息在人们生活、学习和工作中的重要性，在纳税实务应用过程中，能利用已有经验判断可能存在的风险并进行主动规避； ·在了解新一代大数据智能财税的基础上，对新一代大数据智能财税技术在所从事专业领域的应用有一定认识

续表

核心素养	水平一	水平二
财税思维	• 掌握财会和税收的基础知识，了解财会人员进行税务处理的基本过程； • 能理解财税思维的基本概念，初步掌握用财税思维求解问题的基本思想； • 初步了解解决问题过程中的形式化、模型化、自动化概念和方法； • 能针对简单任务需求，初步具备运用财税思维方式解决问题的能力，并能运用财税工具进行描述	• 了解纳税实务的构成与作用，了解纳税实务软件的运行过程； • 对财税思维的概念、求解问题的思想及必要条件有清晰的认识，并能迁移到具体问题解决过程中； • 初步具备结合生活情境、本专业领域实际问题，运用财税思维设计纳税解决方案的能力； • 能针对具体任务需求，选择合适的方法，并运用一种财税工具加以实现，最终解决实际问题
纳税创新与发展	• 了解大数据智能财税学习基本方法，能在数字化学习环境下进行自主学习、协作学习； • 了解大数据智能财税的组成和功能、软硬件的安装和配置，掌握相关操作技能； • 能比较不同财税信息获取方法的优势及局限性，并掌握纳税信息获取的基本技能； • 能使用文档处理、电子表格处理、演示文稿制作等软件工具对财税信息进行加工、处理； • 在财税数据分析的基础上，能利用合适的统计图表呈现财税数据分析结果； • 能以多种互联网＋大数据方式对财税信息、知识进行展示交流； • 针对具体任务需求，初步具备创新意识，能运用财税数字化资源和工具，设计工作流程，支持任务的完成； • 能清晰描述通过纳税工具解决实际问题的典型案例，以及解决问题的具体过程	• 理解大数据智能财税学习基本方法，能进行数字化的学习环境创设，开展自主学习、协作学习、探究学习； • 能主动了解和学习不同的纳税系统，通过具体实践解决问题； • 能根据纳税信息获取需求进行财税信息获取环境创设，并熟练掌握财税信息获取的相关技能； • 能针对具体任务需求，综合运用各种纳税软件工具，对财税信息进行加工、处理和展示； • 针对本专业领域的具体任务需求，具备创新意识和实践能力，能创造性地运用各类财税工具构建纳税信息，支持任务的完成； • 能清晰描述运用新一代大数据智能财税技术解决本专业领域问题的典型应用案例，并能正确分析应用价值

续表

核心素养	水平一	水平二
税收社会责任	・了解税收活动相关的法律法规、伦理道德准则,尊重知识产权,能遵纪守法、自我约束,识别和抵制不良行为; ・具备税收安全意识,在应用过程中能遵守保密要求,注意保护纳税信息安全,不侵犯他人隐私; ・了解人们日常生活、学习和工作中常见的税收安全问题,并具备一定的防护能力	・理解人类税收活动需要法律法规、伦理道德进行管理与调节,在现实社会中能遵纪守法,承担税收社会责任; ・具备较强的纳税安全意识和防护能力; ・能有效维护纳税活动中个人、他人的合法权益和公共信息安全; ・了解纳税信息安全面临的常见威胁和常用的安全防护措施,并能有效防护

5.3.6 课程实施

1. 教学要求

高等职业教育专科纳税实务课程教学要紧扣会计信息管理专业核心素养和课程目标,在全面贯彻党的教育方针、落实立德树人根本任务的基础上,突出职业教育特色,提升大学生的税收素养,培养大学生的纳税核算能力和利用税务知识解决实际问题的能力。

(1) 立德树人,加强对大学生的情感态度和社会责任的教育

纳税实务课程教学要落实立德树人的根本任务,贯彻课程思政要求,使大学生在纷繁复杂的社会环境中能站稳立场、明辨是非、行为自律、知晓责任。

各主题的教学要有意识地引导大学生关注税收、发现纳税的价值,提高对税收知识的敏感度,培养大学生的纳税意识,形成健康的纳税行为。教师在教学过程中要通过实际事例、教学案例培养大学生的纳税敏感度和对纳税行为的判断力,通过具体教学任务教会大学生定义和描述纳税事项,并能合理规划纳税行为的处理过程。

教师要引导大学生直面问题,在思考、辨析、解决问题的过程中逐渐形成良好的纳税社会责任意识。教师可在教学过程中引入典型纳税事件,帮助大学生认识相关法律法规的重要性和必要性,鼓励大学生在面对税收困境时,能基于相关法律法规和伦理道德准则,做出理性的判断和负责的行动。

(2) 突出技能,提升大学生的纳税实务技能和综合应用能力

纳税实务课程要重点培养大学生的纳税实务实际操作能力。课程旨在让大学生理解国家的各种税收政策、各种税收环境、各种税收的特点,能熟练使用各种税务申报软件工具、对税务数据进行填写处理,为大学生的纳税实务技能与专业能力融合发展奠定基础。通过本课程的学习,大学生应具备在大数据环境下解决生活、学习和工作中纳税实务的能力。在课堂教学中,教师要采用理论与实践相结合的教学方式,让大学生在做中学、学中做,使大学生通过完成具体任务熟练掌握纳税实务实际操作技能,并不断提高操作效率。

纳税实务课程要培养大学生的综合应用能力。教师在做教学设计时,要以税收法律规范为内在线索,结合综合教学案例和项目实践,让大学生反复亲历纳税计算的全过程,将知识、技能、意识、经验等融会贯通,体会从税收角度分析问题的方法和解决问题的具体路径,逐渐形成运用纳税实务解决问题的综合能力。

(3) 创新发展,培养大学生的纳税学习能力和创新意识

在教学过程中,教师要根据大学生的学习基础,创设适合大学生的税收环境与活动,引导大学生开展自主学习、协作学习、探究学习,并进行分享和合作;使大学生能够利用大数据智能税务平台资源,完成学习任务。教师要引导大学生根据自身需要,自主选择学习平台,创设学习环境,形成自主开展纳税学习的能力和习惯。教师要培养大学生的创新意识,使大学生能将纳税实务创新应用于日常生活、学习和工作中。

2. 学业水平评价

高等职业教育专科纳税实务课程的学业水平评价,应从情感态度与社会责任、税收学习能力、解决问题能力等方面考查大学生的纳税素养水平。通过评价激发大学生的学习兴趣,促进大学生纳税素养的提升。

情感态度与社会责任方面的评价主要包括对大学生在纳税实务领域的思想认识和行为表现、对税收活动相关法律法规和伦理道德准则的了解、对具有的税收意识、对依法纳税社会责任的认知等方面进行评价。税收学习能力方面的评价主要包括对大学生运用大数据智能财税平台资源进行自主学习、协作学习、探究学习的能力,掌握常用纳税工具和方法开展学习的能力等方面进行评价。解决问题能力方面的评价主要包括对大学生使用各种纳税申报工具、平台对税务信息进行填报、处理的实际操作能力和熟练程度,在大数据智能财税环境下解决生活、学习和工作中实际涉税问题的能力,解决复杂问题时进行纳税筹划的能力,在本专业领域创造性地运用纳税实务的知识解决涉税问题的能力等方面进行评价。

学业水平评价采用过程性评价与总结性评价相结合的方式,全面、客观地评价大学生的学业状况。过程性评价应基于专业核心素养,在考查大学生相关知识与技能掌握程度和应用能力的基础上,关注纳税意识、财税思维、纳税创新与发展、税收社会责任四个专业核心素养的发展,评价要体现出大学生在学习过程中各方面能力的提升情况。总结性评价应基于大学生适应职业发展需要的纳税筹划能力和学习迁移能力的培养要求,创设基于职业情境的项目案例,考查大学生纳税实务的综合运用能力和专业核心素养的发展水平,以及自我创新和团队协作等方面的表现。

3. 教材编写要求

高等职业教育专科纳税实务课程教学内容由基础模块和拓展模块两部分构成,其中基础模块是必修或限定选修内容,是高等职业教育专科大学生提升其信息素养的基础。基础模块的教学内容是国家财税发展战略对人才培养的基本要求,是高等职业教育专科人才培养目标在税务会计领域的反映,基础模块的教材编写应严格遵从本课程标准的要求。

教材编写要落实课程思政要求并突出职业教育特点,教材内容要优先选择适应我国经济发展需要、技术先进、应用广泛、自主可控的软硬件纳税平台、工具和项目案例。教材设计要与高等职业教育专科的教学组织形式及教学方法相适应,选择理实一体、项目导向、任务驱动等有利于大学生综合能力培养的教学模式。教材形式要落实职业教育改革要求,倡导开发新型活页式、工作手册式教材和新形态立体化教材。

4. 课程资源开发与学习环境创设

本部分内容同 5.1.6 小节中第 4 点课程资源开发与学习环境创设部分。

5. 教师团队建设

高等职业教育专科纳税实务教师要牢固树立良好的师德师风,符合教师专业标准要求,具有一定的纳税实务实践经验和良好的课程教学能力。教师团队建设的具体要求同 5.1.6 小节中第 5 点的 6 条要求。

6. 课程实施要求

高等职业教育专科学校要落实国家关于纳税实务课程教育的最新要求,加快实现师生会计素养普遍提高的发展目标。学校要重视落实本课程标准,关注大学生会计素养的发展水平,开展学业质量水平测试,对课程教学效果开展监测,努力实现人才培养目标。

学校要为课程教学提供必要的设备设施,保障基本教学条件,满足本课程标准的实施要求,支持大学生开展数字化学习(见表 5.14、表 5.15)。学校应结合本地区产业发展和专业教学的需要,立足大学生实际,精选拓展模块内容,打造精品课程。学校可依据各专业的特点,将实际业务应用到专业实际教学中,支持高水平、有特色的高素质技术技能人才培养。

表 5.14　纳税实务教学设备要求表(基础模块教学必配)

项目	技术参数与要求	数量
大学生用计算机	计算机配置满足安装主流教学软件要求,支持网络同传和硬盘保护,可选配多媒体教学支持系统	保证上课时每工位1台(套)
教师用计算机	配置优于大学生用计算机配置	≥1台(套)
教学投影显示设备	投影机或电子白板教学一体机	≥1台(套)
软件配置	桌面操作系统及相关设备驱动程序,中英文输入法,常用工具软件,常用办公和图文编辑软件,安全防护软件,互联网应用软件,大数据智能财税软件,课堂管理软件等	根据教学需要选用
网络连接	网络交换机,网络接入带宽≥100 Mbps	

表 5.15　纳税实务教学设备要求表(拓展模块教学选配)

项目	技术参数与要求	数量
大学生用计算机	计算机配置满足安装主流教学软件要求,支持网络同传和硬盘保护,可选配多媒体教学支持系统	保证上课时每工位1台(套)
教师用计算机	配置优于大学生用计算机配置	≥1台(套)
教学投影显示设备	投影机或电子白板教学一体机	≥1台(套)
软件配置	桌面操作系统及相关设备驱动程序,中英文输入法,常用工具软件,常用办公和图文编辑软件,安全防护软件,互联网应用软件,大数据智能财税软件,课堂管理软件等	根据教学需要选用
网络连接	网络交换机,网络接入带宽≥100 Mbps	

续表

项目	技术参数与要求	数量
相关拓展模块实训和体验设备	税务实训设备及配件	不少于每 4 工位 1 套
	税务实训配套软件	根据教学需要选用
	安全防护设施	满足相关规范要求

5.4 成本会计课程标准

5.4.1 课程性质与任务

1. 课程性质

本课程是会计信息管理专业核心课程。其课程内容对应成本会计岗位,重点讲述成本计算与核算方法、大数据成本分析、大数据成本控制。

通过本课程的学习,大学生能深入理解企业成本费用管理的基本理论,熟练掌握企业成本核算的方法,能够利用成本信息进行分析、加工,协助管理人员对日常经营活动进行有效的控制,对于财经商贸类专业的其他后续课程的学习具有重要的意义。

2. 课程任务

本课程按照工作过程系统化的设计理念,打破传统课程学科体系,按照企业成本核算工作的业务流程设计教学项目。其目的是培养大学生具备信息化环境下的成本计算与核算、大数据成本分析、大数据成本控制所必需的基本知识和操作技能,使大学生具有从事会计成本信息加工和管理能力。

5.4.2 学科核心素养与课程目标

1. 学科核心素养

本课程培养大学生具备扎实的基本知识和基本理论基础,强化基本技能训练;

充分利用信息化教学平台,让大学生熟练地掌握企业成本核算的各类方法,进行成本分析,能胜任单位成本会计核算和管理岗位。教学中应注意渗透思想教育,加强大学生的诚信教育和职业道德观念。

2. 课程目标

通过本课程的学习,理解成本会计岗位,具备利用信息化工具核算企业产品成本的职业能力,养成诚实守信、严谨细致的工作态度。

(1) 职业素质养成目标

① 培养大学生大胆探索、勇于创新良好品质;

② 培养大学生对于业务的认知以及良好的沟通能力;

③ 培养会计工作的严谨性及对数字的敏感性;

④ 培养爱岗敬业的精神。

(2) 基本知识教学目标

① 了解成本会计的产生与发展;

② 理解并掌握成本费用及成本核算程序;

③ 理解并掌握各种费用要素的归集与分配;

④ 理解并掌握成本计算的品种法;

⑤ 理解并掌握成本计算的分批法;

⑥ 理解并掌握成本计算的分步法;

⑦ 理解并掌握成本计算的分类法;

⑧ 理解并掌握成本计算的定额法;

⑨ 理解并掌握成本报表的编制和分析。

(3) 职业能力培养目标

① 能够根据国家会计法规和行业会计特点,进行企业日常会计核算与监督工作;

② 能够准确、及时地做好日常账务核算、结算和审核管理工作,能正确计算和处理财务成果;

③ 能够胜任本部门的其他日常管理工作,及时有效地处理各项问题。

5.4.3 课程结构

根据高等职业教育专科成本会计课程目标,确定课程模块与学时安排。

1. 课程模块

本课程的总体设计思路是,以会计信息管理专业的职业能力分析和毕业生的就业发展为依据,确定课程目标,设计课程内容,以工作任务为线索,构建企业成本业务核算及分析为核心的任务引领型课程。

课程模块以不同企业产品的核算方法为主线,设计了认识成本会计、成本费用及成本核算程序、各种要素费用的归集与分配、品种法、分批法、分步法、分类法、定额法、成本报表的编制和分析等九项内容。课程内容的选取,紧紧围绕完成企业日常成本核算业务的需要,充分融合会计人员职业能力的基本要求。

每个工作任务的学习以企业日常成本会计业务为载体,将企业成本会计岗位的要求和日常成本业务核算相结合,实现学做一体,并通过情景模拟、实地调研、案例分析等活动,培养大学生企业成本会计核算技能。

2. 课程学时

本门课程建议64～72学时(见表5.16)。各学校可根据国家有关要求,结合实际情况自主确定。

表 5.16　成本会计学时安排表

序号	课程	学时
1	认识成本会计	64～72
2	成本费用及成本核算程序	
3	各种要素费用的归集与分配	
4	品种法	
5	分批法	
6	分步法	
7	分类法	
8	定额法	
9	成本报表的编制和分析	

5.4.4　课程内容

成本会计课程教学内容见表5.17。

表5.17　成本会计教学内容表

章节(内容)		教学内容	教学目标
第1章 认识成本会计	1.1 成本会计的产生和发展	成本会计的产生与发展；管理会计的产生与发展；成本管理会计的意义；成本管理会计的内容	了解成本管理会计的产生、现状；掌握管理会计的特点及与财务会计的主要区别
	1.2 成本会计的意义及内容		
第2章 成本费用及成本核算程序	2.1 成本费用及其分类	成本费用的概念；成本费用的分类	理解成本的分类和不同概念的特性
	2.2 成本核算的原则和要求	成本核算的原则；成本核算的要求	掌握生产费用与产品成本的联系与区别
	2.3 生产特点与成本计算方法的关系	生产特点与成本计算方法的关系	掌握产品成本计算的基本程序
第3章 各种要素费用的归集与分配	3.1 材料费用的归集与分配	材料费用的归集与分配	掌握材料费用的归集与分配
	3.2 人工费用的归集与分配	人工费用的归集与分配；其他费用的归集与分配	掌握人工费用的归集与分配
	3.3 其他费用的归集与分配	辅助生产费用的分配方法：直接分配法、交互分配法；辅助生产费用的分配方法：计划分配法、代数分配法	掌握其他费用的归集与分配
	3.4 辅助生产费用的归集与分配		掌握辅助生产费用的分配方法：直接分配法、交互分配法；掌握辅助生产费用的分配方法：计划分配法、代数分配法
	3.5 制造费用的归集与分配	制造费用的归集与分配	掌握制造费用的归集与分配

续表

章节(内容)		教学内容	教学目标
第3章 各种要素费用的归集与分配	3.6 生产损失的归集与分配	生产损失的归集与分配	掌握生产损失的归集与分配
	3.7 生产费用在完工产品与在产品之间的分配	在产品不计成本法、在产品按固定成本计价法、在产品按完工产品计价法、在产品按所耗直接材料成本计价法、约当产量法;定额比例法、在产品按定额成本计价法	掌握在产品不计成本法、在产品按固定成本计价法、在产品按完工产品计价法;掌握在产品按所耗直接材料成本计价法、约当产量法;掌握定额比例法、在产品按定额成本计价法
第4章 品种法	成本计算的品种法	成本计算的品种法	理解和掌握品种法的特点及计算程序;掌握品种法的具体计算、适用范围
第5章 分批法	分批法	成本计算的分批法	理解和掌握分批法的特点及计算程序;掌握分批法的具体计算、适用范围
第6章 分步法	6.1 分步法概述 6.2 逐步结转分步法	分步法:逐步结转分步法	理解分步法的特点、计算程序及适用范围;掌握逐步结转分步法的特点、种类和成本计算程序以及成本还原的基本原理
	6.3 平行结转分步法	分步法:平行结转分步法	掌握平行结转分步法的特点和成本计算程序;掌握平行结转分步法下在产品数量的确定及计入产品成本"份额"的确定

续表

章节(内容)		教学内容	教学目标
第7章 分类法	7.1 分类法	成本计算的分类法	理解和掌握分类法的特点及计算程序;掌握分类法的具体计算、适用范围
	7.2 联产品的成本计算	联产品的成本计算	了解联产品、副产品的意义及生产特点;掌握联产品的计算程序及其实际应用
	7.3 副产品和等级产品的成本计算	副产品和等级产品的成本计算	
第8章 定额法	定额法	成本计算的定额法	了解定额法适用范围、特点;掌握定额成本制定,定额法成本计算程序,脱离定额差异计算,定额变动差异计算
第9章 成本报表的编制和分析	成本报表的构成、编制和分析	成本报表的基本构成、成本报表分析的依据和方法、成本报表的分析	了解成本报表的含义、特点和种类;掌握全部产品生产成本表、主要产品单位成本表和费用报表的编制方法;掌握成本报表分析的方法;了解期间费用分析的基本方法

5.4.5 课证融通

为积极推进1+X证书课程体系的改革,需要对会计信息管理专业人才培养方案进行重构,专业课程与相关证书考核标准对接,实现课证融通。将成本会计教学标准与"1+X业财税融合成本管控"职业技能等级标准衔接融通,梳理课程内容与工作领域及工作任务存在的对应关系,对现有课程内容与要求进行调整与强化。如现有课程教学已具备知识点或技能点,要根据职业技能等级标准要求,转化为职业技能。不单独增加学时,能够达到完成工作任务所学的知识、技能与素养要求,学时与学分可按原课程对应内容的学时与学分计。课证融通内容见表5.18。

表 5.18 课证融通内容表

成本会计		衔接业财税融合成本管控职业技能证(初级)		
单元	项目	工作领域	工作任务	职业技能要求
第 1 章 认识成本会计	成本会计的产生和发展	认知岗位、立足岗位,爱岗敬业	认知岗位	认知岗位、立足岗位,爱岗敬业
	成本会计的意义及内容		岗位职责	熟悉成本核算岗位职责要求
第 2 章 成本费用及成本核算程序	成本费用及其分类		岗位操作内容	熟悉成本核算岗位操作内容
	成本核算的原则和要求		岗位操作方法	熟悉成本核算岗位操作方法
	生产特点与成本计算方法的关系		岗位操作特点	熟悉成本核算岗位操作流程
第 3 章 各种要素费用的归集与分配	要素费用的归集与分配	生产业务核算	产品材料成本核算	1. 能根据原始凭证,准确编制材料耗用汇总表; 2. 能根据定额耗用比例、产品重量比例、产品产量比例和产品材料定额成本比例等方法准确对材料成本进行分配,准确编制材料分配表; 3. 能根据材料分配表,及时准确地进行会计处理

续表

成本会计		衔接业财税融合成本管控职业技能证（初级）		
单元	项目	工作领域	工作任务	职业技能要求
第3章 各种要素费用的归集与分配	要素费用的归集与分配	生产业务核算	人工成本核算	1. 能根据考勤表、产量记录表等资料，准确编制人工费用汇总表； 2. 能根据实际情况选取计时工资或计件工资等方法，准确进行薪资分配，并准确编制人工费用分配表； 3. 能根据人工费用分配表，及时准确地进行会计处理
			其他费用核算	1. 能根据相关原始凭证，准确编制燃料动力汇总表。能根据采用机器工时等方法，准确编制燃料动力费用分配表； 2. 能根据燃料动力费用分配表，及时准确进行会计处理； 3. 能根据固定资产管理要求，正确采用会计准则规定的折旧方法，正确计算折旧金额，准确编制固定资产折旧分配表； 4. 能根据固定资产折旧分配表，及时准确地进行会计处理

续表

成本会计		衔接业财税融合成本管控职业技能证(初级)		
单元	项目	工作领域	工作任务	职业技能要求
第3章 各种要素费用的归集与分配	综合费用的归集与分配	生产业务核算	辅助生产成本核算	1. 能根据辅助生产车间的原始费用单据,准确编制辅助生产成本汇总表; 2. 能根据辅助生产成本汇总表提供的有关数据,采用交互分配法、直接分配法和计划成本法等,准确进行辅助生产成本分配,并准确编制辅助生产成本分配表; 3. 能根据辅助生产成本分配表,及时准确进行会计处理
			制造费用核算	1. 能根据制造费用的原始单据,准确编制制造费用汇总表; 2. 能根据制造费用汇总表提供的有关数据,采用生产工时比例法、机器工时比例法、生产工人比例法、直接费用比例法和计划分配率分配法等方法,准确对制造费用进行分配,并准确编制制造费用分配表; 3. 能根据制造费用分配表,及时准确进行会计处理
	生产费用在完工产品与在产品之间的分配		在产品和产成品核算	1. 能根据产品成本明细账提供的有关数据,采用约当产量法等方法,准确编制产品成本计算表; 2. 能根据完工产品成本汇总计算,准确编制完工产品成本计算单; 3. 能根据完工产品成本计算单,及时准确进行会计处理

续表

成本会计		衔接业财税融合成本管控职业技能证(初级)		
单元	项目	工作领域	工作任务	职业技能要求
第4章 品种法	品种法的应用	生产业务核算	产品成本计算方法应用	1. 能根据品种法,准确计算产品成本并及时进行会计处理; 2. 能根据分批法,准确计算产品成本并及时进行会计处理; 3. 能根据分步法,准确计算产品成本并及时进行会计处理
第5章 分批法	分批法的应用			
第6章 分步法	分步法的应用			

5.4.6 课程实施

1. 教学要求

高等职业教育专科成本会计课程教学要紧扣学科核心素养和课程目标,在全面贯彻党的教育方针、落实立德树人根本任务的基础上,突出职业教育特色,提升大学生的成本信息素养,培养大学生的成本核算能力和利用成本分析技术解决实际问题的能力。

(1) 立德树人,加强对大学生的情感态度和社会责任的教育

成本会计课程教学要落实立德树人的根本任务,贯彻课程思政要求,使大学生在纷繁复杂的企业环境中能站稳立场、明辨是非、行为自律、知晓责任。

教师要引导大学生直面问题,在思考、辨析、解决问题的过程中逐渐形成良好的诚实守信的社会责任意识。教师可在教学过程中引入典型信息事件,使大学生认识相关法律法规的重要性和必要性,鼓励大学生在面对困境时,能基于相关法律法规和伦理道德准则,做出理性的判断和负责的行动。

(2) 突出技能,提升大学生的成本核算技能和综合管控能力

成本会计课程要重点培养大学生的成本核算、成本分析等实际操作能力。课程旨在帮助大学生理解成本费用的特点,能熟练使用各种成本核算工具,对成本信息进行加工、处理,为大学生的成本核算技能与专业成本分析能力融合发展奠定基础。通过本课程的学习,大学生应具备在企业生产环境下解决成本工作中的实际

问题的能力。在课堂教学中,教师要采用理论与实践相结合的教学方式,让大学生在做中学、学中做,使大学生通过完成具体任务熟练掌握成本核算、分析等实际操作技能,并不断提高操作效率。

(3) 创新发展,培养大学生的数字化学习能力和创新意识

在教学过程中,教师要根据大学生的学习基础,创设适合大学生的成本核算数字化环境与活动,引导大学生开展自主学习、协作学习、探究学习,并进行分享和合作;使大学生能够利用成本核算工具,完成学习任务。教师要培养大学生的创新意识,使大学生能将成本意识创新应用于日常生活、学习和工作中。

2. 学业水平评价

(1) 课程考核评价成绩构成

教学效果评价采取过程性评价与结果性评价两种方式进行,突出"过程考核与结果考核相结合,教师评价与大学生自评相结合"的原则。过程考核贯穿于整个教学过程,对每个课程任务/项目的学习过程进行考核,体现考核的公平和公正性,促进大学生在课程学习的过程中,保持持续性动力。

(2) 过程考核评价

过程操作考核重点在于考核大学生的学习效果,在考核过程中多引导大学生参与,强调大学生的主体地位;转变教师的评价角色,教师不再充当裁判员角色,而是大学生学习的伙伴和激励者与调控者,教师从中也得到相应的提高和发展。考核的内容更全面化,不仅考查大学生对专业知识的掌握,还要评价大学生在情感态度价值观、科学探究的方法与能力、科学的行为与习惯等方面的进步。同时,注重评价时机的全程化,将评价伴随于教学活动的全过程,及时对大学生给予必要的、适当的鼓励性、指导性的评价。为了体现考核的公平和公正性,教师必须客观、真实地记录大学生的任务完成情况,且注重大学生自评和学习小组的评分。

(3) 结果考核评价

在教学活动结束时,结果性考核采用卷面测试或其他数字化测试方法进行,在考核内容上,注意体现理论知识重点与职业操作技能相结合。本课程也可以在相应的课证融通平台,进行数字化学习,采用教学、实训、测试、评价四为一体教学模式,实行一课双考、一课双分、一课双评、一课双证。

3. 教材编写要求

高等职业教育专科成本会计课程教学内容要体现国家发展战略对会计信息管理人才培养的基本要求,是高等职业教育专科人才培养目标在会计成本核算与分

析领域的反映,是高等职业教育专科大学生提升其成本会计的基础。

教材编写要落实课程思政要求并突出职业教育特点,教材内容要优先选择适应我国经济发展需要、技术先进、应用广泛、自主可控的软硬件平台、工具和项目案例。教材设计要与高等职业教育专科的教学组织形式及教学方法相适应,注重理实一体、项目导向、任务驱动等有利于大学生综合能力培养的教学模式。教材形式要落实职业教育改革要求,倡导开发新型活页式、工作手册式教材和新形态立体化教材。具体要求可总结为以下6条:

(1) 教材应依据本课程标准编写。

(2) 教材应充分体现任务引领、实践导向的课程设计思想。

(3) 教材以完成任务的典型活动项目来驱动,通过流程图、业务案例、情景模拟和课后拓展作业等多种手段,采用递进和流程相结合的方式来组织编写,使大学生在各种活动中培养分析企业主要经济业务和进行会计核算的基本职业能力。

(4) 教材应突出实用性,应避免把职业能力简单理解为纯粹的技能操作,同时要具有前瞻性。应将本专业领域的发展趋势及实际业务操作中的新知识、新方法及时纳入其中。

(5) 教材应以大学生为本,文字表述要简明扼要,内容展现应图文并茂、突出重点,重在提高大学生学习的主动性和积极性。

(6) 教材中的活动设计要具有可操作性。

4. 课程资源开发与学习环境创设

课程资源主要是指支持课程教学的数字化教学资源,学习环境主要是指教学设备设施,以及支持大学生开展数字化学习的条件。

在课程资源方面,有条件的学校可依据本课程标准,充分运用各种数字化手段,开发成本会计课程数字化教学资源库,实现优质数字化课程资源的共建共享,提升高等职业教育专科成本会计课程的教学效果。教师应通过多种途径广泛收集与成本会计课程相关的数字化教学资源,积极参与和课程教学相关的资源建设。

在学习环境方面,学校要根据实际情况建设满足教学需要的成本会计教学机房和综合实训室等设施,提供相应的软件和互联网访问带宽。有条件的地区及学校应选配成本会计综合实训平台,为拓展模块的教学创造条件。学校要建设并有效利用在线学习平台,支持传统教学模式向混合学习、移动学习等信息化教学模式转型升级,引导大学生开展自主学习、协作学习和探究学习。

5. 教师团队建设

高等职业教育专科成本会计教师要牢固树立良好的师德师风,符合教师专业的标准要求,具有一定的成本会计实践经验和良好的课程教学能力。教师团队建设的具体要求同 5.1.6 小节中第 5 点的 6 条要求。

6. 课程实施要求

高等职业教育专科学校要重视成本会计课程标准,关注大学生成本核算与分析的水平,开展学业质量水平测试,对课程教学效果开展监测,确保实现专业人才培养目标。

学校要为成本会计课程教学提供必要的设备设施,保障基本教学条件,满足本课程标准的实施要求,支持大学生开展成本会计数字化学习。教师运用智慧教室进行教学,并将课堂教学、模拟实验与云平台相结合,课程实施可以采用网络课程学习数字化平台、课程信息化实训平台、手工实训项目等多种途径,培养大学生的综合职业能力。学校应结合本地区产业发展和专业教学的需要,立足大学生实际,精选成本会计实训模块内容,打造成本会计在线精品课程。

5.5 财务大数据基础课程标准

5.5.1 课程性质与任务

1. 课程性质

本课程是会计信息管理专业的核心课程。通过本课程的学习,帮助大学生学会如何在财务大数据的各模块典型业务场景中,进行大数据分析以支持企业经营预测和管理决策,提升管理效能。

2. 课程任务

通过给大学生创设一个真实的数字化商业环境,基于企业真实场景的实战训练,培养大学生对于数字化分析的应用能力。同时帮助大学生了解最新的大数据技术,掌握基本的数据采集、数据建模、可视化分析等基本应用,理解企业智能决策背后的逻辑,培养大学生的技术思维、数字素养以及快速建模、助力企业实时分析的能力。最终以场景化的任务训练大学生的关键指标分析能力、基于业务问题的数据挖掘能力、大数据预测模型搭建能力、以预测辅助企业经营决策的能力。

5.5.2 学科核心素养与课程目标

1. 学科核心素养

通过课程学习与实践所掌握的相关知识和技能,以及逐步形成的正确价值观、必备品格和关键能力。财务大数据基础课程学科核心素养主要包括诚信意识、数据分析能力、财务分析能力三个方面。

(1) 诚信意识:在工作环境中所显露给他人的,能够进行自我约束和管理的,言行一致、信守承诺的做人准则。

(2) 数据分析能力:掌握数据分析的基本原理与一些基本的数据分析方法,并能灵活运用到实践工作中,以便有效地开展数据分析。

(3) 财务分析能力:财务分析能力是利用各种财务指标进行数据建模分析及展示的能力。

2. 课程目标

通过本课程的学习,帮助大学生掌握财务大数据分析项目的基本流程、可视化工具分析和一般数据挖掘分析建模方法;通过大数据分析实践增强业务理解能力,学会利用数据分析和专业知识解决不同行业、不同经营问题的分析方法;通过对实际案例的演练,掌握创新性提出管理建议与优化措施的方法,加深对专业知识的理解和应用,做更懂业务的会计信息管理者,增强会计信息管理的实务化、数字化能力,并为未来从事财务数据分析工作奠定基础。

(1) 职业素质养成目标

① 培养大学生的数字思维;

② 培养大学生的团队意识和实事求是的职业精神;

③ 培养大学生强烈的责任意识。

(2) 基本知识教学目标

① 掌握财务大数据分析的概念、基本特征;

② 掌握财务大数据的范围与来源;

③ 掌握财务大数据项目分析的一般流程；

④ 掌握财务数据收集与预处理方法；

⑤ 掌握财务大数据分析可视化的基本原理；

⑥ 掌握财务大数据算法的基本原理。

(3) 职业能力培养目标

① 具有设置数据分析维度的能力；

② 具有对企业数据进行筛选、整理、分类的能力；

③ 具有设置指标体系与数据建模的能力；

④ 具有进行可视化设置与预警设置的能力；

⑤ 具有数据分析、数据挖掘的能力；

⑥ 具有利用大数据算法，参与企业的经营预测、决策分析的能力；

⑦ 具有根据变化的环境进行自我学习与知识自我更新、补充的能力；

⑧ 具有基本的人际沟通与协作的能力。

5.5.3 课程结构

根据高等职业教育专科财务大数据基础课程目标，确定课程模块与学时安排。

1. 课程模块

本课程运用了基于工作过程开发课程的理念，将企业财务大数据业务的工作模块分解为：大数据认知（大数据的起源、概念、应用）、Python 基础应用（Python 基础代码、数据采集）、数据预处理业务（数据清洗、数据集成）、投资者角度数据分析、经营者角度数据分析、资金分析与预测、销售分析及预测、费用分析及预测。

2. 课程学时

本课程的教学活动分解设计成 8 个项目，以项目为单位组织教学，以典型案例为载体，操作技术为核心，辅助相关专业理论知识，培养大学生的综合职业能力，满足大学生就业与发展的需要。本课程建议设置为 64~72 课时，各模块具体学时，由各地区、各学校根据国家有关要求，结合实际情况自主确定。具体学时安排见表 5.18。

表 5.18 财务大数据基础课程学时安排表

序号	主题	建议学时
1	大数据认知	64~72
2	Python 基础应用	
3	数据预处理业务	
4	投资者角度数据分析	
5	经营者角度数据分析	
6	资金分析与预测	
7	销售分析及预测	
8	费用分析及预测	

5.5.4 课程内容

1. 大数据认知

大数据认知是财务大数据基础的重要组成部分,包含大数据的起源、概念、应用及数据可视化工具等内容。

(1) 内容要求

① 实习动员、团队组建;

② 大数据的起源、概念、应用;

③ 数据可视化工具。

(2) 教学提示

本主题的教学建议与实际案例相结合,案例的选取应贴近生活、贴近学习、贴近工作,在教学中注重激发大学生的学习兴趣,可采用"任务描述→案例讲解→任务实现"的形式组织教学。

首先进行实训动员,让大学生了解本门课程目标及要求,了解大数据技术的起源、概念,以及大数据技术在企业中的实际应用,掌握数据分析云可视化工具操作,理解其对财务管理的影响。

2. Python 基础应用业务

Python 基础应用业务是财务大数据基础的重要组成部分,其应用场景非常广泛。本主题包含了解 Python 基础、Python 数据采集等内容。

(1) 内容要求

① Python 简介；

② Python 基础代码；

③ Python 数据采集代码；

④ 运用 Python 进行上市公司财务报表采集。

(2) 教学提示

本主题的教学建议与实际案例相结合，案例的选取应贴近生活、贴近学习、贴近工作，在教学中注重使大学生理解并掌握 Python 数据采集，可采用"任务描述→案例讲解→任务实现"的形式组织教学。

了解 Python 的基础语法规范，能够理解基础的代码语言；了解 Python 数据采集的代码及命令；能够使用简单的 Python 语言进行上市公司财务报表数据采集。

3. 数据预处理业务

数据预处理业务是财务大数据基础的重要组成部分，本主题依据采集的上市公司财务报表数据，进行大数据清洗，并进行大数据集成等预处理业务。

(1) 内容要求

① 掌握大数据清洗工具操作；

② 掌握大数据集成工具操作。

(2) 教学提示

本主题的教学建议与实际案例相结合，案例的选取应贴近生活、贴近学习、贴近工作，在教学中注重使大学生理解并掌握大数据清洗与集成工具的操作，可采用"任务描述→案例讲解→任务实现"的形式组织教学。

4. 投资者角度数据分析

投资者角度数据分析是财务大数据基础的重要组成部分，本主题包含上市公司各类指标分析；运用可视化工具进行投资报告分析展示等内容。

(1) 内容要求

① 上市公司投资分析应用（盈利能力分析、偿债能力分析、营运能力分析、发展能力分析）；

② 聚类算法应用；

③ 投资分析报告可视化应用。

(2) 教学提示

本主题的教学建议与实际案例相结合,案例的选取应贴近生活、贴近学习、贴近工作,在教学中注重使大学生了解上市公司财务分析的能力指标,理解聚类分析并能够撰写投资分析报告,掌握各项能力指标数据可视化工具的应用。可采用"任务描述→案例讲解→任务实现"的形式组织教学。

5. 经营者角度数据分析

经营者角度数据分析是财务大数据基础的重要组成部分,本主题包含认识企业所得税、企业所得税计算、企业所得税会计处理、企业所得税纳税申报等内容。

(1) 内容要求

① 介绍企业案例背景;

② 企业财务能力分析:指标分析、环比分析、横向对比分析、异常数据溯源洞察;

③ 撰写企业经营分析报告。

(2) 教学提示

本主题的教学建议与实际案例相结合,案例的选取应贴近生活、贴近学习、贴近工作,在教学中注重使大学生掌握企业财务能力分析,单个指标的数据可视化分析;掌握财务能力指标同比、环比及横向对比分析;掌握指标异常数据挖掘、洞察的过程与方法。可采用"任务描述→案例讲解→任务实现"的形式组织教学。

6. 资金分析与预测

资金分析与预测是财务大数据基础的重要组成部分,本主题包含资金存量分析、资金来源分析及债务分析与预警;利用时间序列分析的方法进行企业资金分析及预测等内容。

(1) 内容要求

① 企业资金分析背景;

② 资金存量分析、资金来源分析及债务分析与预警;

③ 利用时间序列分析的方法进行资金预测。

(2) 教学提示

本主题的教学建议与实际案例相结合,案例的选取应贴近生活、贴近学习、贴近工作,在教学中注重使大学生掌握资金存量分析;通过分析企业现金流量及其结构,了解企业现金的来龙去脉和现金收支构成,评价企业经营状况、筹资能力和资金实力;掌握债务分析与预警方法,通过比对公司的贷款情况,对大额贷款做出预警,分析大额资金的使用效益,比较融资成本,为经营者做出合理的资金计划提供数据支持;了解时间序列分析,能够运用该分析方法对案例中的未来的资金流入进行预测,可采用"任务描述→案例讲解→任务实现"的形式组织教学。

7. 销售分析及预测

销售分析及预测是财务大数据基础的重要组成部分,主要包括:企业销售收入整体分析;企业客户、产品及价格维度分析及销售价格预测等内容。

(1) 内容要求

① 企业销售分析的背景介绍;

② 企业销售收入整体分析;

③ 客户、产品及价格维度分析;

④ 运用多元回归进行销售价格预测。

(2) 教学提示

本主题的教学建议与实际案例相结合,案例的选取应贴近生活、贴近学习、贴近工作,在教学中注重使大学生能够创建销售收入整体分析的管理驾驶舱;掌握对销售收入按客户维度、产品维度、价格维度进行分析的方法;了解多元回归的原理与分析方法,掌握运用多元回归对未来的销售价格进行预测,可采用"任务描述→案例讲解→任务实现"的形式组织教学。

8. 费用分析及预测

费用分析及预测是财务大数据基础的重要组成部分,主要包括创建管理驾驶舱、企业财务费用分析、企业管理费用分析、撰写费用管理分析报告等内容。

(1) 内容要求

① 企业费用分析的背景介绍;

② 企业费用整体分析;

③ 财务费用分析及数据洞察;

④ 管理费用分析及数据洞察。

(2) 教学提示

本主题的教学建议与实际案例相结合,案例的选取应贴近生活、贴近学习、贴近工作,在教学中注重使大学生理解并掌握管理驾驶舱创建;掌握财务费用分析与数据洞察的过程与方法;掌握管理费用分析与数据洞察的过程与方法;能够对异常项目进行分析,对收集的财务信息进行验证;撰写费用管理分析报告。可采用"任务描述→案例讲解→任务实现"的形式组织教学。

5.5.5 学业质量

1. 学业质量内涵

学业质量是大学生在完成本课程学习后的学业成就表现。高等职业教育专科大学生学业质量标准是以本课程学科核心素养内涵及具体表现为主要维度，结合课程内容，对大学生学业成就表现的总体刻画（见表5.19）。

表5.19 财务大数据基础学业质量内涵表

核心素养	内涵	具体表现
诚信意识	指在工作环境中所显露给他人的，能够进行自我约束和管理的，言行一致、信守承诺的做人准则	・为人正直，具有健康良好的心态，对待他人比较尊重和真诚； ・对待各项工作具有认真负责的态度，为人正直，具有是非观念和社会公德意识； ・具有以诚信为原则展开业务的意识，拥有积极向上的人生观与价值观，对人非常真诚； ・具有遵守公司制度规定社会道德规范的意识，对工作具有极强的责任心
数据分析能力	指掌握数据分析基本原理与一些有效的数据分析方法，并能灵活运用到实践工作中，以便有效的开展数据分析	・掌握大数据采集、分析、清洗、挖掘、展示等大数据分析工具的应用； ・学会利用数据分析解决财务与管理问题的场景与过程； ・学会利用大数据分析方法识别问题，做出结论，及时提供建议，解决企业财务与管理问题
财务分析能力	财务分析能力是利用各种财务指标进行数据建模分析及展示的能力	・掌握财务分析的依据，包括内部以及和外部依据； ・掌握企业经营策略、管理要求、发展规划、经营目标及预算条件和考核指标； ・掌握财务分析的标准； ・熟悉财务分析在企业经营决策中的作用

2. 学业质量水平

高等职业教育专科财务大数据基础课程学业质量水平具体内容：掌握财务大数据基本知识和基本技能；了解大数据技术，掌握大数据分析工具；培养在大数据环境下的财务分析与预测能力；提高在大数据时代的数据素养，对财务大数据的最新发展与应用有一定的了解。

财务大数据基础课程学业质量水平分为两级，每级水平主要表现为大学生整合学科核心素养，在不同复杂程度的情境中运用各种重要概念、思维、方法和技能解决问题的关键特征。具体见表5.20。

表5.20 学业质量水平标准表

核心素养	水平一	水平二
诚信意识	・为人正直，具有健康良好的心态，对待他人比较尊重和真诚； ・掌握公司制度，具有严格遵守公司制度的意愿； ・能够不因个人情绪而影响组织利益； ・言行一致，具有诚实守信的品质； ・对待各项工作具有认真负责的态度，为人正直，具有是非观念和社会公德意识。	・具有以诚信为原则展开业务的意识，拥有积极向上的人生观与价值观，对人非常真诚； ・具有遵守公司制度规定、社会道德规范的意识，对工作具有极强的责任心
数据分析能力	・了解利用数据分析解决财务与管理问题的场景与过程； ・具备需求分析能力，能够理解大数据和公司的财务运作； ・掌握在进行数据分析之前进行数据清理与准备的过程； ・了解核心数据清洗工作，掌握数据清洗工具的使用；	・学会运用技术和工具进行大数据仓储管理； ・学会运用预测分析的方法进行数据建模； ・掌握常用的数据分析方法，学会利用各类数据分析方法识别问题，做出结论，及时提供建议，解决企业财务与管理问题；

续表

核心素养	水平一	水平二
数据分析能力	·掌握基本的数据处理方法,学会对数据进行归类、重组、合并、再配置,以增强分析价值; ·学会运用财务大数据分析技术,评估组织的绩效、财务状况、营运资金运用有效性及其信誉度; ·掌握编制损益、经济增加值EVA和现金流量分析,以便做出决策; ·学会使用可视化工具展示分析结果	·学会基于数据对特定的财务与管理问题拟定适当的结论,并及时提供建议; ·学会合理运用各种常用商业智能工具框架,运用可视化工具讲述数据背后的商业逻辑;从可视化工具运用实践中总结提炼经验与最佳实践; ·学会基于财务分析的结果以及其他非财务信息,履行深度财务分析职责,为企业战略决策提供支持和建议
财务分析能力	·具有依据财务分析要求计算各种分析指标的能力; ·具有收集整理财务分析历史数据,并按要求对于管理用报表建模的能力; ·具有收集各部门提交的分析资料,审核、整理形成企业经营分析或专项分析能力; ·具有依据经营分析资料提出管理建议的能力; ·具有编制企业分析报表的能力	·具有对财务报表数据的审核检验能力; ·具有利用财务报表数据进行分析并发现问题的能力; ·具有依据企业管理要求,利用大数据技术和财务分析方法,针对企业经营薄弱环节开展专项分析的能力; ·具有财务报表日后事项的处理能力

5.5.6 课程实施

1. 教学要求

高等职业教育专科财务大数据基础课程教学要紧扣会计信息管理专业核心素养和课程目标,在全面贯彻党的教育方针、落实立德树人根本任务的基础上,突出职业教育特色,提升大学生的大数据素养,培养大学生的财务大数据分析实际问题的能力。

本课程将打破传统学科课程模式，采用以职业任务和行动过程为导向的工学结合课程模式。根据行业实践专家对会计、财务相关岗位近几年的变化以及大数据技术的发展阶段进行论证分析，结合实际工作和教学需要开展广泛调研，在深入企业了解实际情况的基础上，采用工作过程系统化的课程开发技术，遵循设计导向的职业教育理念，确定本课程学习目标和学习情境设计。通过实训，使大学生熟悉大数据处理的流程并能够完成基于大数据的财务分析，同时培养大学生良好的学习习惯、自主学习的能力和职业道德修养。

本课程采用任务教学法，以典型的工作任务为载体安排和组织教学活动，组织大学生进行活动，注重教与学的互动，让大学生在活动中学习、掌握本专业领域的职业能力。

在教学过程中，应用录像、企事业单位参观、多媒体、视频系统等教学资源进行辅助教学。教学方法采用项目教学法、案例教学法、任务驱动法、小组工作法等，即以典型的财务大数据分析任务载体安排和组织教学活动。以工作任务为出发点，激发大学生的学习兴趣与成就感，教学过程中注重创设岗位情境，大学生能够在学习专业知识的过程中感受岗位环境。

教师以大学生为主体设计教学结构，将有关知识、职业道德、情感态度等与技能培训有机融合起来，同时营造生师互动的教学氛围，使大学生能够在相对宽松的环境中完成教学任务，激发大学生参与教学活动的兴趣，提高大学生的学习积极性，增强大学生的学习信心与成就感。

2. 学业水平评价

高等职业教育专科财务大数据基础课程的学业水平评价，应从诚信意识、数据分析能力、财务分析能力等方面考查大学生的财务大数据分析水平。通过评价激发大学生的学习兴趣，促进大学生财务大数据素养的提升。

结合"1+X财务大数据分析"职业技能等级证书内容，可将财务大数据基础课程学业水平评价分为三个等级：初级、中级、高级。三个级别依次递进，高级别职业技能要求已然包括低级别职业技能要求。

财务大数据分析（初级）：主要职责是负责收集企业或客户的数据需求，准备相关财务与非财务数据，并进行数据整理工作，能够胜任传统的财务比率分析以及简单的统计描述型数据分析。

财务大数据分析（中级）：主要职责是负责将整理好的数据进行仓储管理，熟练运用数据建模与分析技术进行预测型数据分析，并能够用数据可视化工具呈现数据分析的结果，满足信息使用者的特定需求。

财务大数据分析(高级):主要职责是作为决策者、经营者以及业务人员的财务专业伙伴,负责对基于财务大数据分析的结果,提供专业建议,做好决策参谋,能从财务大数据分析结果中洞察风险因素,并提出预警;参与制定数据、策略与规划。

3. 教材编写要求

教材选用要遵循教育部关于印发《职业院校教材管理办法》和《普通高等学校教材管理办法》的要求,优先选用国家和省级规划教材,实训教材选用体现财务大数据分析流程的教材,在同等质量条件下,优先选用与行业企业合作开发特色鲜明的专业课校本教材。为满足大学生专业学习、教师专业教学研究和教学实施的多种需要,本门课程可以选购不同版本、不同出版社、不同作者的教材以供使用。

本课程教材编写的具体要求同 5.1.6 小节中第 3 点的相关内容。

4. 课程资源开发与学习环境创设

课程教学资源包括相关教辅材料、实训工作规范、仿真软件、工学结合实践条件、网络资源、仿真软件等多媒体数字化学习资源、案例材料、各级精品课程网站等。

学习情境的设计体现本专业领域标准的特色与设计思想,突出"工作过程导向"的理念,将职业工作作为一个整体化的行为过程进行分析,将知识点和技能点有机联系起来,在培养目标中体现创造能力和设计能力的培养。学习情境内容的选择要体现先进性、实用性、趣味性和可操作性。

财务大数据基础课程以会计信息管理专业就业方向——财务分析工作任务所需的相关专业知识与必要技能为依据设计。认知会计领域中财务分析的重要性,以及现代大数据技术对于财务分析的影响,以具体业务大数据处理流程及相关案例组织教学过程,在培养大学生财务分析理论基础的同时,进行计算机操作实训。课程在进一步加深大学生对会计整体专业理论知识的理解,强化财务分析基本职业技能的训练的同时,提升大学生的计算机操作水平,不断提高大学生的综合运用能力,为企业培养具有扎实的财务分析基础理论及可以运用大数据技术进行财务分析、能胜任企业财务分析工作的应用型人才。

5. 教师团队建设

高等职业教育专科财务大数据基础教师要牢固树立良好的师德师风,符合教师专业标准要求,具有一定的数智化职业技能和良好的课程教学能力。

教师团队建设的具体要求同 5.1.6 小节中第 5 点的相关内容。

6. 课程实施要求

高等职业教育专科学校要落实国家关于财务大数据基础课程教育的最新要求，加快实现师生大数据素养普遍提高的发展目标。学校要重视落实本课程标准，关注大学生大数据素养的发展水平，开展学业质量水平测试，对课程教学效果开展监测，确保实现人才培养目标。

学校要为课程教学提供必要的设备设施，保障基本教学条件，满足本课程标准的实施要求，支持大学生开展数字化学习。学校应结合本地区产业发展和专业教学的需要，立足大学生实际，精选拓展模块内容，打造精品课程。学校可依据各专业的特点，将实际业务应用到专业实际教学，支持高水平、有特色的高素质技术技能人才培养。

5.6 财务大数据分析课程标准

5.6.1 课程性质与任务

1. 课程性质

本课程是会计信息管理专业的核心课程，以 Power BI 为基础，将数据分析与业务、财务结合，利用计算机图形学和图像处理技术，将数据转换成图形或图像在屏幕上显示出来，再进行交互处理的一门学科。通过本课程的学习，使大学生掌握数据分析与可视化的基础知识，并可使用 Power BI 自助式分析工具对数据进行分析，提供实时信息，加快数据处理速度，利用多维显示数据，直观地展示复杂的信息，培养具有数据分析思维和数据分析能力的复合型、应用型高级人才。

2. 课程任务

全面贯彻党的教育方针，落实立德树人的根本任务，满足国家信息化发展战略对人才培养的要求，围绕高等职业教育专科各专业对财务大数据分析学科核心素养的培养需求，吸纳财务大数据分析领域的前沿技术。通过财务大数据分析课程学习，大学生能够熟练使用 Power BI 进行数据整理和数据分析，掌握 Power BI 各模块的功能,并能够利用 Power BI 完成数据分析,为数据分析思维的提供技术支持。

5.6.2 学科核心素养与课程目标

1. 学科核心素养

本课程学科核心素养同 5.5.2 小节中第 1 点的相关内容。

2. 课程目标

本课程运用 Power BI 自助式分析工具,对组织内、外部的财务、业务数据进行数据清洗、数据建模和数据可视化,让大学生理解数据分析的一般思路,使数据分析与业务、财务结合更密切,分析更精准。通过学习本门课程,大学生能够更清楚、直观和多维度地传达信息及展示趋势,帮助企业发现涉及重大决策等事项存在的问题、潜在的风险,并提出改善的措施。

(1) 职业素质养成目标

① 培养大学生的数据意识;

② 培养大学生的沟通协调能力。

(2) 基本知识教学目标

① 掌握数据类型及财务大数据的内容;

② 掌握 Power BI Desktop 的应用模式及系列组件;

③ 掌握数据分析的基本流程;

④ 掌握数据获取与处理的方法;

⑤ 掌握数据建模及可视化;

⑥ 掌握 Power BI 在线服务;

⑦ 掌握财务数据分析及可视化。

(3) 职业能力培养目标

① 具有数据获取能力;

② 具有对数据进行处理、整理、建模的能力;

③ 具有设置指标体系与数据建模的能力;

④ 具有进行可视化设置与编辑交互的能力;

⑤ 具有 Power BI 在线发布、分享及协作的能力;

⑥ 具有利用 Power BI 参与企业的财务数据分析及可视化的能力。

5.6.3 课程结构

根据高等职业教育专科财务大数据分析课程目标,确定课程模块与学时安排。

1. 课程模块

本课程基于从商业数据中充分挖掘有价值信息的工作过程,将企业财务大数据业务的课程模块分解为数据智能基础(数据类型与财务大数据、可视化技术基础)、认识 Power BI、实践 Power BI、数据获取与整理、数据建模、数据可视化、Power BI 在线服务、财务数据分析与可视化、业务数据分析与可视化。

2. 课程学时

本课程的教学活动,每个项目都设计一个情境案例,同时将每个案例拆分成若干不同的任务,通过完成操作过程实现每项任务。本课程建议为 40~54 学时,各模块具体学时,由各地区、各学校根据国家有关要求,结合实际情况自主确定。具体学时安排见表 5.21。

表 5.21 财务大数据分析学时安排表

序号	主题	建议学时
1	数据智能基础	40~54
2	认识 Power BI	
3	实践 Power BI	
4	数据获取与整理	
5	数据建模	
6	数据可视化	
7	Power BI 在线服务	
8	财务数据分析与可视化	
9	业务数据分析可视化	

5.6.4 课程内容

1. 数据智能基础

数据智能基础是财务大数据分析的重要组成部分,包含商业智能概述、可视化技术、数据类型、常用数据分析模型等内容。

(1) 内容要求

① 了解商业智能的相关内容;

② 熟悉可视化技术原理;

③ 掌握数据类型及财会大数据内容;

④ 掌握常用数据分析模型。

(2) 教学提示

本主题的教学建议与实际案例相结合,案例的选取应贴近生活、贴近学习、贴近工作,在教学中注重激发大学生的学习兴趣,可采用"任务描述→案例讲解→任务实现"的形式组织教学。

从官方网站上查找一个商业智能应用的典型案例,通过研究该案例,帮助大学生理解商业智能概念、格式塔原理、数据分类方法及财会大数据界定、数据分析模型。

2. 认识 Power BI

认识 Power BI 是财务大数据分析的重要组成部分,本主题包含 Power BI 概述、Power BI 应用模式及系列组件、Power BI Desktop 安装与账号注册、Power BI Desktop 界面等内容。

(1) 内容要求

① 了解 Power BI 及其业界地位;

② 熟悉 Power BI 应用模式及系列组件;

③ 熟悉 Power BI Desktop 安装与账号注册;

④ 掌握 Power BI Desktop 界面各部分构成。

(2) 教学提示

本主题的教学建议与实际案例相结合,案例的选取应贴近生活、贴近学习、贴近工作,在教学中注重使大学生理解并掌握 Power BI Desktop,可采用"任务描述→案例讲解→任务实现"的形式组织教学。

通过下载并安装桌面端应用程序 Power BI Desktop，注册个人的 Power BI Desktop 账号，学习 Power BI 应用模式及系列组件、Power BI Desktop 的组成、Power BI Desktop 3 种视图的区别等内容。

3. 实践 Power BI

实践 Power BI 是财务大数据分析的重要组成部分，本主题主要包含自助式商业智能分析工具的一般流程（数据获取与整理、数据建模、数据可视化），卡片图、条形图、柱形图、散点图（气泡图）等常见可视化元素。

(1) 内容要求

① 数据获取与整理；

② 数据建模；

③ 数据可视化。

(2) 教学提示

本主题的教学建议与实际案例相结合，案例的选取应贴近生活、贴近学习、贴近工作，在教学中注重使大学生理解并掌握商务智能分析的基本流程：数据获取与整理、数据建模、数据可视化；熟悉常见可视化元素：卡片图、条形图、柱形图、散点图（气泡图）等内容。

指导大学生完成本项目的任务学习后，重新设计报表显示结果，包括选择新的可视化元素、重新排列位置、更改显示颜色等；对案例数据进行探索性分析。

4. 数据获取与整理

数据整理分析是财务大数据分析的重要组成部分，本主题包含认识一维表和二维表、数据获取、数据处理等内容。

(1) 内容要求

① 理解合并查询中表的各种链接方式；

② 熟悉 Power BI 获取数据的常用方法；

③ 熟悉 Power BI 数据整理的常用方法；

④ 掌握 Power BI 数据拆分、提取和合并等常用操作；

⑤ 掌握 Power BI 数据透视和逆透视的操作；

⑥ 掌握 Power BI 追加查询与合并查询操作。

(2) 教学提示

本主题的教学建议与实际案例相结合，案例的选取应贴近生活、贴近学习、贴近工作，在教学中注重结合具体案例，使大学生通过 Power BI 获取各种类型的数据;运用 Power BI 进行各种数据整理操作,使数据符合可视化要求。可采用"任务描述→案例讲解→任务实现"的形式组织教学。

具体教学可从以下途径获取实训所需的数据:直接从网页获取数据、从相关网站下载数据(如国家统计局网站、Power BI 官方网站等)。对于获取的数据,进行适当的数据整理,以满足数据建模与可视化要求。

5. 数据建模

数据建模是财务大数据分析的重要组成部分,本主题包含 Power BI 的两种关系模型及其创建方法、新建列和新建度量值、DAX 常见函数、CALCULATE、DIVIDE、FILLTER、时间智能等函数内容。

(1) 内容要求

① 熟悉 Power BI 的两种关系模型及其创建方法;

② 掌握新建列和新建度量值的操作;

③ 理解 DAX 公式的语法;

④ 熟悉 DAX 常见函数;

⑤ 掌握 CALCULATE、DIVIDE、FILLTER、时间智能等函数的用法。

(2) 教学提示

本主题的教学建议与实际案例相结合,案例的选取应贴近生活、贴近学习、贴近工作,在教学中注重结合具体案例,使大学生能够通过 Power BI 创建关系模型;运用 Power BI 新建列和各种度量值。

可采用"任务描述→案例讲解→任务实现"的形式组织教学。以数据整理课程中已有的数据为例,解决以下问题:根据加载的数据表,进行数据建模(创建关系);建立合适的度量值,以满足数据可视化的要求。

6. 数据可视化

数据可视化是财务大数据分析的重要组成部分,本主题包含常用可视化图表、自定义可视化图表,图表的美化,图表的筛选、钻取和编辑交互等内容。

(1) 内容要求

① 熟悉 Power BI 默认的可视化元素和常见的自定义可视化元素;

② 掌握常用可视化元素的设置操作;

③ 熟悉图表的美化操作;

④ 掌握图表的筛选、钻取和编辑交互。

(2) 教学提示

本主题的教学建议与实际案例相结合,案例的选取应贴近生活、贴近学习、贴近工作,在教学中注重使大学生熟悉并掌握常见的可视化图表:柱形图、条形图、折线图、饼图、散点图等,并要求大学生掌握自定义可视化图表设置及美化,掌握图表的筛选、钻取和编辑交互。

具体教学可采用"任务描述→案例讲解→任务实现"的形式组织教学。结合数据建模课程中的数据结果,完成以下操作:设计至少 2 张可视化报表页;选用适当的可视化对象,使用 2~3 个自定义可视化元素进行数据可视化。

7. Power BI 在线服务

Power BI 在线服务是财务大数据分析的重要组成部分,主要包括:报表在线发布、仪表板创建、报表的分享与协作及其移动应用等内容。

(1) 内容要求

① 熟悉 Power BI 仪表板和报表的区别;

② 熟悉报表分享和仪表板分享的方法;

③ 掌握仪表板的创建方法;

④ 掌握将报表在线发布和发布到 Web 的方法。

(2) 教学提示

本主题的教学建议与实际案例相结合,案例的选取应贴近生活、贴近学习、贴近工作,在教学中注重使大学生能够理解仪表板和报表的区别,掌握仪表板创建方法,熟悉将数据可视化结果发布到 Web 的方法,可采用"任务描述→案例讲解→任务实现"的形式组织教学。

具体教学可以结合数据可视化课程的数据结果,将其结果发布到 Power BI 在线服务上,设计至少包含 4~5 个可视化元素仪表板,将可视化报表发布到 Web 上,同时设计手机端报表布局,并在 Power BI APP 中查看报表。

8. 财务数据分析可视化

财务数据分析可视化是财务大数据分析的重要组成部分,主要包括:资产负债表分析与可视化、利润表分析与可视化、现金流量表分析与可视化、偿债能力分析与可视化、营运能力分析与可视化、盈利能力分析与可视化、杜邦分析与可视化等内容。

(1) 内容要求

① 掌握财务数据分析与可视化页面设计的一般思路；

② 掌握复杂度量值的表达方法；

③ 掌握数据同比的应用方法；

④ 掌握表和矩阵可视化中条件格式的设置。

(2) 教学提示

本主题的教学建议与实际案例相结合，案例的选取应贴近生活、贴近学习、贴近工作，在教学中注重使大学生理解财务数据分析与可视化页面设计的一般思路，掌握复杂度量值的表达方法及数据同比的应用，掌握表和矩阵可视化中条件格式的设置。可采用"任务描述→案例讲解→任务实现"的形式组织教学。

具体教学可以从国内主流财经网站下载一家上市公司的财务数据，进行财务数据的资产负债表分析、利润表分析、现金流量表分析、财务指标分析和杜邦分析；同时能够结合上市公司所处行业的财务数据，进行行业分析以及纵向对比、横向对比分析。

9. 业务数据分析可视化

业务数据分析可视化是财务大数据分析的重要组成部分，主要包括：产品分析可视化、区域分析可视化、趋势分析可视化、完成度分析可视化、排名分析可视化等内容。

(1) 内容要求

① 掌握业务数据分析与可视化页面设计的一般思路；

② 掌握水平条形图、RANKX 函数的用法；

③ 掌握数据环比的应用方法。

(2) 教学提示

本主题的教学建议与实际案例相结合，案例的选取应贴近生活、贴近学习、贴近工作，在教学中注重使大学生理解并掌握业务数据分析与可视化页面设计的一般思路，掌握水平条形图及 RANKX 函数的用法，掌握数据的环比应用。可采用"任务描述→案例讲解→任务实现"的形式组织教学。

具体教学可以根据教学内容，选取某超市销售数据的智能分析与可视化案例，针对超市销售数据中订单数据进行适当处理，设计并添加维度表；选用适当的可视化元素，设计合适的度量值，进行相应的智能分析与可视化。

5.6.5 学业质量

本课程学业质量的相关内容同 5.5.5 小节。

5.6.6 课程实施

本课程实施的相关内容同 5.5.6 小节。

第 6 章 建设成效及主要特色

2022年4月20日,十三届全国人大常委会第三十四次会议表决通过新修订的《中华人民共和国职业教育法》(以下简称《职业教育法》),于2022年5月1日起施行。这是《职业教育法》制定近26年来的首次修订,新《职业教育法》共八章六十九条,明确职业教育是与普通教育具有同等重要地位的教育类型,应着力提升职业教育认可度,深化产教融合、校企合作,完善职业教育保障制度和措施,更好推动职业教育高质量发展。2019～2021年,高职三年扩招413.3万人,2021年高职(专科)招生552.6万人,是10年前的1.8倍。全国职业院校开设1300多个专业和12万个专业点,基本覆盖了国民经济各领域。

6.1 建 设 成 效

安徽审计职业学院会计信息管理专业,坚持以习近平新时代中国特色社会主义思想为指导,创新办学模式,以内涵建设为重点,不断强化专业能力、完善专业课程体系、优化人才培养方案,努力培养适合区域发展急需的高素质技术技能人才。

6.1.1 明确专业建设指导思想

会计信息管理专业人才培养应以习近平新时代中国特色社会主义思想为指导,全面贯彻党的十九大和二十大精神以及全国教育大会、全国职业教育大会精神,认真落实《国家职业教育改革实施方案》《教育部等九部门关于印发〈职业教育提质培优行动计划(2020～2023年)〉的通知》《安徽省职业教育改革实施方案》,牢固树立创新、协调、绿色、开放、共享的新发展理念,始终坚持党的全面领导,坚持立德树人、德技并修,深化产教融合,校企合作,对接产业,对应职业,实施专业升级和数字化改造工程,促进教育链、人才链与产业链、创新链的有效衔接,不断提升学院人才培养质量和专业建设质量。

要积极探索研究会计信息管理专业标准,进一步完善会计信息管理专业人才培养体系;整合国内外优质教学资源;以培养会计信息管理的高素质技术技能人才为目标,积极探索创新人才培养模式,瞄准国家"一带一路"倡议,修订"培养方案""课程标准""教学标准";积极探索新的教学方法、教学手段、教学设计方案;增加技术层面的知识与能力课程,重视隐性技能培养,摒弃过时的知识与技能,加强信息化能力的培养,强化知识交叉、能力复合培养力度,注重大学生自主学习能力的培养。

6.1.2 专业人才培养成果

在明确专业建设思想的基础上,结合互联网时代大数据信息管理的特点,安徽审计职业学院加强了对人才培养工作全过程的统筹领导,人才培养质量有了明显提升,人才培养不断取得新成就。

1. 专业升级

安徽审计职业学院会计信息管理专业,以地方技能型高水平大学建设为依托,加快专业建设工作,围绕安徽经济社会发展和产业升级需求,根据《职业教育专业目录(2021年)》,健全对接产业、动态调整、协同发展、自我完善的专业群建设发展机制。为提升人才培养质量,深化职业教育人才培养模式改革,有效实现"五个对接",即专业与产业、职业岗位对接,专业课程内容与职业标准对接,教学过程与生产过程对接,学历证书与职业资格证书对接,职业教育与终身学习对接。

安徽审计职业学院重视人才培养方案的制定工作,教研室、专业组和专业建设委员组织开展人才培养方案制定调研、论证和实施工作,确保人才培养方案的严肃性和高质量;关注大学生全面发展,将人文素质教育、劳动教育、国家安全教育、美育教育、职业道德培养和创新创业理念充分融入专业人才培养方案和教育教学全过程。会计信息管理专业人才培养方案充分体现职业教育人才培养规格要求,构建了符合职业教育规律、专业课程配套的课程体系。

2. 推进课程改革

促进产教融合发展,推进"产教融合""工学结合""基于职业岗位工作过程"的课程体系改革,按照大学生职业发展规律所需的专业知识与技能,建立满足岗位技能要求的课程教学体系。初步形成具有鲜明特色的"教""学""做"三者有机结合的专业知识、专业技能与职业综合素质培养的教育教学思路。

围绕课程模块和实践教学体系构建。会计信息管理专业建成公共基础课程、专业基础课程、专业核心课程和专业拓展（实践）课程四大课程模块，构建了与专业课程配套的实践性教学体系。从文化浸润、人格养成的需要出发构建公共课程模块，加强对大学生社会主义核心价值观的培养，厚植大学生的爱国情怀、民族情结、集体荣誉感和劳动精神。基于"五个对接"，建立了明晰的专业基础课程和专业核心课程体系。

加快课程改革与建设工作。推动课程主讲教师制，会计信息管理各门专业课程都设置了课程主讲教师负责人，建立了课程教学团队。其中2016年"成本会计"课程立项，安徽省教育厅大规模在线开放课程（MOOC），在线学习人数近3000人，效果良好。课程团队成员长期致力于课程改革，2017年立项并建设了安徽省教育厅智慧课堂试点项目：材料费用的分配智慧课堂，实现了课程线上和线下融合，课堂学习气氛活跃，大学生反应较好；2020年12月立项并建设了安徽省教育厅虚拟仿真实验教学项目（原虚拟仿真实验教学中心）：采购业务虚拟仿真实验教学项目，目前已完成了测试，该项目能够有效地融入会计信息管理专业核心课程的教学项目；2021年5月立项并建设提质培优承接项目：职业教育精品在线开放课程——"成本会计"。

3. 落实"三教"改革

改进教学思路，实施"三教"改革工程，持续推进教师、教材、教法的改革，提升人才培养的适应性与针对性。培育和传承工匠精神，引导大学生养成严谨专注、敬业专业、精益求精和追求卓越的品质。坚持工学结合、知行合一，加强大学生认知能力、合作能力、创新能力和职业能力的培养。深化复合型技术技能人才培养培训模式改革，推进1+X证书制度试点，实施"岗、课、赛、证"综合育人，全面提升人才培养质量。

强化专业课程建设，提升教育教学水平，通过标准化建设提高基层教学组织的活力，规范教学管理，提高教学水平，保证教学质量，将专业核心课程建成教学示范课或精品课程。

4. 建设师资队伍

安徽审计职业学院为适应十四五发展目标，加强"双师型"师资队伍建设。一是建成师德高尚、技艺精湛、专兼结合、充满活力的高素质"双师型"教师队伍，教师分工协作进行模块化教学。二是校企合力培育一批研究方向稳定、梯队合理，具有较高科研水平,兼具人才培养、企业诊断、产品研发、技术推广、政策咨询功能的应用型技术技能团队。三是会计信息管理专业聘任双带头人,校内专业带头人具有高级双师素质,即高级会计师、副教授;校外专业带头人选聘上市公司的财务经理,在专业人才培养方案修订、校企合作及课程建设中发挥较好的领头雁作用。

师资队伍建设取得重大进展,随着招生规模的增长,专兼职教师总数增加,双师素质教师占专业课教师比重超过80%,教师参加省级及以上的教学能力比赛获奖数量和质量明显提高。教师的科研实力和科研水平明显增强,教科研成果更加丰富,教科研成果转化能力稳步提升。

5. 改善办学条件

安徽审计职业学院的办学条件极大改善,建设会计信息管理专业大学生校内专业实训室,配套专业实践教学软件,提高大学生数字化应用的能力,专业人才培养质量显著提高。招生录取率、大学生报到率、毕业生就业率稳步提升,社会美誉度和知名度明显提高。

6.2 主要特色

会计信息管理专业在安徽审计职业学院审计专业群建设中发挥纽带作用,十三五至十四五期间,大学生积极参加安徽省职业院校"会计技能"大赛、安徽省大学生金融投资创新大赛、安徽省大学生财税技能大赛等赛项,分别获得二等奖、一等奖等多个奖项;学院的大学生录取分数、录取率和报到率均位列全省70余所同类高校的前列,毕业生就业率较高,毕业生升学率位于全省前列。为了不断提高会计信息管理专业人才培养质量,近3年重点推进了以下两项工作。

6.2.1 推进1+X证书试点

1+X证书制度是职教20条的一项重要创新,党中央国务院高度重视1+X证书制度的试点工作。为加快培养国家发展急需的各类技术技能人才,让更多有志青年在创造社会财富中实现人生价值,在鼓励大学生获得学历证书的同时,能够取得多种职业技能等级证书,拓展就业创业本领。

1. 申报1+X证书试点院校

根据教育部、国家发展改革委等四部门《关于在院校实施"学历证书+若干职业技能等级证书"制度试点方案》和教育部职业技术教育中心研究所《关于确认参与1+X证书制度试点的第三批职业教育培训评价组织及职业技能等级证书的通知》(教职所〔2020〕21号)的精神,以及《安徽省教育厅关于做好第三批1+X证书制度试点申报工作的通知》(皖教秘高〔2020〕4号)的要求,安徽审计职业学院作为试点院校,大力支持并及时贯彻落实1+X证书制度,依据各类证书所适用的对象,选取相应的专业,设置各类1+X证书学院负责人。针对会计信息管理专业大学生的知识储备,学院选取了《业财一体信息化应用职业技能等级证书》作为1+X证书试点专业。为切实做好试点工作,2019~2022年,会计信息管理专业教师参加1+X证书师资培训,组织并申报"业财一体信息化应用职业技能等级认证"的试点学校。

2. 培训1+X证书内容

在学院开展了"1+X业财一体信息化应用职业技能等级认证"培训及组织考评工作,培训内容中业务、财务信息化与专业核心课会计信息化内容实现互通,1+X业财一体信息化(初级)课程基本信息见表6.1。

表6.1 1+X业财一体信息化(初级)课程基本信息

授课方式	讲授+实训	总课时:40	等级	初级
适用对象	高职院校财务会计类专业			
先修课程	《初级财务会计》《企业财务管理》《纳税实务》			
制定单位	新道科技股份有限公司			
课程设计思路	从认知企业业务、财务一体信息化管理背景开始,结合所学基础课程知识,基于业财一体信息化平台开展财务基础业务智能处理、税务基础业务智能处理、资金基础业务智能处理及电子档案管理等基础应用类工作实训操作			
学习目标	知识目标	了解业财一体化的企业应用现状、技术水平和发展趋势,熟悉业财一体信息化的业务处理的逻辑关系和业财融合信息的流转过程,掌握业财一体信息化平台的操作流程和典型业务处理方法,具备应用财务、税务相关知识处理企业实际经济业务的能力		

续表

授课方式	讲授＋实训	总课时:40	等级	初级
学习目标	能力目标	具备业财一体信息化平台基础应用能力、职业理解判断能力和业财融合的处理能力： 根据国家财税政策和企业管理目标,能正确进行业财一体信息化平台的基础设置与维护； 根据企业的财务制度和经营现状,能准确地将企业财务、业务相关的期初数据录入业财一体信息化平台； 根据国家现行财税制度,能正确地进行企业日常典型业务处理； 根据国家现行的财税制度和企业管理要求,能准确地进行典型业务处理； 根据国家现行增值税政策,能正确地进行增值税发票管理、开具、验证和增值税申报业务； 根据国家现行财务政策,能正确地进行会计业务月末处理工作,并按要求编制法定财务报表及会计档案管理		
	素质目标	树立正确的世界观、人生观、价值观、道德观和法治观,具有良好的职业道德和社会责任感,具备良好的职业素质和较强的职业能力。培养爱岗敬业、廉洁自律、诚实守信、保守秘密、坚持准则、提高技能、客观公正、文明服务的职业道德,规范业务、财务一体信息化应用的职业行为,加强人文素质的培养,提高与人沟通、团结协作的能力		
工作领域	工作领域名称	内容	学时	衔接课程
	课程导论	介绍课程目标和课程结构	0.5	会计信息化
	基础设置与维护	用户角色权限设置与维护	0.5	会计信息化
	基础设置与维护	企业基础档案设置与维护	3	会计信息化
	基础设置与维护	标准单据设置与维护	1	会计信息化
	期初数据录入	财务期初数据录入	2	会计信息化
	期初数据录入	业务期初数据录入	2	会计信息化
	期初数据录入	业财期初数据核对	1	会计信息化
	典型财务处理	总账日常业务处理	4	会计信息化
	典型财务处理	典型应收应付业务处理	2	会计信息化

续表

	授课方式	讲授＋实训	总课时:40	等级	初级
工作领域		典型财务处理	典型固定资产业务处理	2	会计信息化
		典型财务处理	出纳业务处理	2	会计信息化
		典型财务处理	薪资业务处理	2	会计信息化
		典型业务处理	典型采购业务处理	2	会计信息化
		典型业务处理	典型销售业务处理	2	会计信息化
		典型业务处理	典型库存与存货业务处理	2	会计信息化
		增值税业务处理	增值税发票管理	1	纳税实务
		增值税业务处理	增值税发票开具	1	纳税实务
		增值税业务处理	增值税发票验证	1	纳税实务
		增值税业务处理	增值税纳税申报	2	纳税实务
		月末处理及会计档案管理	月末业务处理	2	会计信息化
		月末处理及会计档案管理	月末财务处理	2	会计信息化
		月末处理及会计档案管理	财务报表编制	2	会计信息化
		月末处理及会计档案管理	会计档案电子化管理	1	会计信息化
考核评价	职业判断考核＋实务操作考核					
教学方法	四步教学法、引导提示法、可视化教学法、五星教学法、任务教学法、案例教学法、项目教学法、团队教学法、讲述法、观察法					
教师要求	1. 熟悉财务相关法律法规； 2. 熟悉相关国家标准及行业规范； 3. 熟练掌握业财一体信息化操作平台应用； 4. 通过业财一体信息化职业技能初级培训考试					
编制依据	本标准依据《国务院关于印发国家职业教育改革实施方案的通知》(国发〔2019〕4号)、《关于做好首批1＋X证书制度试点工作的通知》等相关文件精神制定					

3. 实施1＋X证书考核

根据评价组织《关于开展1＋X业财一体信息化应用职业技能等级证书(初级)

大学生培训工作的通知》，2020 年安徽审计职业学院制定《1＋X 业财一体信息化应用职业技能等级证书大学生培训工作实施方案》，本次培训对象为 2019 级在校生，培训总人数为 47 人。集中培训安排在晚上或周末。学院积极组织考试报名，并制定了《1＋X 业财一体信息化应用职业技能等级认证考试考务工作手册》。2020 年度计划报考 50 人，实际报考 47 人，考试合格 38 人，考试通过率为 81%。

技能等级证书认证考试工作的顺利举行，展现了安徽审计职业学院推进 1＋X 证书制度试点工作的阶段性成果。

6.2.2 推进教学改革创新

自 2023 年 1 月 8 日起，中国将新冠病毒感染从"乙类甲管"调整为"乙类乙管"，实施"乙类乙管"后，依据《传染病防治法》，对新冠病毒感染者不再实行隔离措施，不再判定密切接触者；不再划定高低风险区；工作重心从"防感染"转到"保健康、防重症"。2019~2022 年中国将新冠病毒感染实施"乙类甲管"严格管理，高等院校为了避免致病力较强的原始株、德尔塔变异株的广泛流行，积极创新教学改革，鼓励教师运用大数据、人工智能等现代信息技术，提升教师教学信息化水平，开展了线下实训和线上直播相结合的课程教学。

1. 突出大学生中心、实行因材施教

授课教师为了掌握大学生最新学习动态，每次课前设计调查问卷，大学生扫描二维码即可填写并提交问卷；根据问卷调查结果及大学生兴趣爱好等情况，科学设计分组，因材施教。无论是课前、课中还是课后，每一个教学环节都注重以大学生为中心、引导大学生学习的兴趣；运用虚拟仿真等信息技术进行有效教学，在提高大学生基于任务（项目）分析、解决问题的能力同时，培育大学生的职业精神。

2. 互动深入有效、教学气氛活跃

灵活运用课堂签到、抢答、头脑风暴、小组讨论、小组 PK、投票等形式多样、丰富多彩的课堂活动，调动学习积极性，提高参与度，提升职业荣誉感。适时播放动画短视频，将枯燥的理论知识变得生动形象，提高趣味性，活跃课堂气氛。构建课程 QQ 群、钉钉群，畅通师生、生生交流渠道，构建和谐良好的师生关系、生生关系。

3. 运用信息技术、注重信息采集

运用职教云平台，整合碎片时间，摆脱地域界限，有效地组织大学生进行学习和测评,全过程教学信息能够及时采集,教学过程可评可测。综合运用直播和视频会议平台(腾讯直播、钉钉视频会议、钉钉直播、钉钉会议、腾讯会议),实时共享桌面,有效地缩短师生距离。充分利用各类直播软件的录屏、回放功能,无限次直播回放,便于未能按时上课的大学生依据回放视频学习课程内容,也方便大学生随时复习。充分运用国家职业教育专业教学资源库、国家级精品资源共享课、中国大学MOOC、智慧职教、爱课程等免费网络资源,整合优化各种资源,取长补短,及时传递最新、最精准的课程知识。

4. 积极应对新冠肺炎疫情,有效开展线上教学工作

积极应对新冠肺炎疫情给教育教学带来的影响,教师及时调整教学策略、教学组织形式和教学资源提供方式,总结疫情防控期间线上教学经验,不断创新和完善线上线下混合式教学,更好地适应"互联网+"时代的教育变革。

会计信息管理专业人才培养是一个系统性工程,不仅包括大学生、教师,以及学院的各级管理机构,还牵涉到社会各行各业。每门课程的教学都需要企事业单位专业人士的加盟,可以较大程度地解决会计信息管理专业大学生学习实训的难题。只有整合与行业深度融合的实习实训资源,开发校内外多行业企业的实训项目资料,不断地充实会计信息管理专业教学资源,才能真正让大学生学以致用。

只有通过科技兴教,发展教育,不断提高我国人民的整体素质,才能把祖国建设得更加繁荣和富强!